# 读懂华尔街的50个经济指标

[美] Simon Constable 西蒙·康斯特勃
Robert E. Wright 罗伯特·E. 怀特 / 著
白天惠 / 译

GUIDE TO THE 50 ECONOMIC INDICATORS
THAT REALLY MATTER

南方出版社

## 图书在版编目（CIP）数据

读懂华尔街的50个经济指标 /（美）康斯特勃
(Constable,S.)，（美）怀特（Wright,R.E.）著 ；白天
惠译. — 海口 ：南方出版社，2014.1（2016.9重印）
　　书名原文：The wall street journal guide to the
fifty economic indicators that really matter
　　ISBN 978-7-5501-1827-0

　　Ⅰ．①读… Ⅱ．①康… ②怀… ③白… Ⅲ．①金融投
资－经济指标 Ⅳ．①F830.59

中国版本图书馆CIP数据核字(2013)第304636号

### 版权合同登记号：图字30-2013-255

THE WALL STREET JOURNAL GUIDE TO THE FIFTY ECONOMIC INDICATORS THAT REALLY MATTER,copyright©2011 by Dow Jones and Company,and Translation Copyright©(year)by HarperCollins Publishers.Published by arrangement with Harper Business,An imprint of HarperCollins Publishers.

## 读懂华尔街的50个经济指标

责任编辑：　师建华　高会力
出版发行：　南方出版社
地　　址：　海南省海口市和平大道70号
电　　话：　（0898）66160822
传　　真：　（0898）66160830
经　　销：　全国新华书店
印　　刷：　北京市松源印刷有限公司
开　　本：　710毫米×1000毫米　　1/16
字　　数：　200千字
印　　张：　18
版　　次：　2016年9月第1版第2次印刷
书　　号：　ISBN 978-7-5501-1827-0
定　　价：　58.00元

新浪官方微博：http://weibo.com/digitaltimes

# 目 录

引　言　　　　　　　　　　　　　　　　　　　│ 1

## 第一部分　消费（CONSUMPTION）　　　　　　│ 1

### 1 汽车销售量　　　　　　　　　　　　　　│ 3

汽车销售额是预示经济衰退的可靠领先指标，当人们
担心失业的时候几乎不会考虑购车。

### 2 连锁零售业销售　　　　　　　　　　　　│ 7

销售占据 GDP 庞大的比例，要想做经济预测，这部分
数据不容忽视。

### 3 消费者信心　　　　　　　　　　　　　　│ 13

要综合月度数据，观察3个月的波动状况，才能作出明
智的投资决策。

### 4 现房销售量　　　　　　　　　　　　　　│ 18

人们在买房时也需要买新的家具、电器、家居用品等，
因此现房销售会带动经济的方方面面。

### 5 失业及不充分就业　　　　　　　　　　　│ 23

随着失业率上升，你可以考虑保障性部门，例如药业、
食品业这些人类生活的支柱行业。

## 第二部分　投资（INVESTMENT）　　　　　　│ 29

### 6 订单出货比　　　　　　　　　　　　　　│ 31

订单出货比显示1.0以上时是良好数据，表明本行业中
供不应求。

### 7 铜价　　　　　　　　　　　　　　　　　│ 36

如果价格升至高位，是产业扩张的标志。

**8 耐用品订单** | 41

如果耐用品各个组成部分都显示消费强势，考虑跟随综合股价指数投资。

**9 建房许可和住房开工率** | 46

通常在经济状况好转之前，发放的建筑许可数量和住房开工率就开始增加。

**10 工业产值和产能利用率** | 51

当产能利用率接近上限值的时候，企业需要担心成本压力，也就是原料价格的上升。

**11 供应管理协会制造业调查** | 57

它从全美国制造业公司采购经理人的角度评估经济制造业部门的健康状况。

**12 供应管理协会非制造业调查** | 62

不论从就业还是 GDP 来看，这些都构成了私有经济的70%，不容小觑。

**13 美国经济周期研究所 JoC 工业价格指数** | 67

当工业企业扩大原料购买时，价格上涨，工业产品生产扩张。

**14 伦敦金属交易所库存指数** | 72

如果库存处于高位，就是行业放缓的征兆。

**15 个人储蓄率** | 77

我们需要关注的是储蓄率在走高还是走低，而并不是看储蓄率是3% 还是1.5%。

**16 单位劳动成本** | 81

如果工人生产了更多的价值，而工资保持不变，就说明单位劳动成本下降，企业从中获益。

**第三部分 政府（GOVERNMENT）** | 87

**17 联邦政府预算赤字和国家债务** | 89

当政府债务增加跟 GDP 增长速度同步时，是良性的。

## 第四部分　净出口（NET EXPORTS）　| 95

### 18 波罗的海干散货运价指数　| 97
运价指数它随着对船只的需求上下波动。

### 19 汉堡指数　| 102
如果同样的汉堡在北京价格为15美分，而在纽约为3美元，这项指数就表明人民币定价过低。

### 20 经常项目贸易赤字　| 107
呈现持续贸易顺差的国家，更能吸引更多的投资者进驻投资，进而使经济发展迅速。

### 21 原油储备　| 112
原油库存处于低位或者下降表示经济状况良好，工业生产强力运转，各类设施在消耗能源。

### 22 日本经济短观调查　| 116
每季度，日本中央银行都会调查日本9,000多家大中小企业的商业人士对未来物价、营销、就业、汇率和信用状况变化的预期，这项指标可能是世界上调查最全面的指标。

### 23 财政部国际资本流通数据　| 121
以美元为基准单位，衡量外国人借钱给美国的意愿。

## 第五部分　综合指标（MULTIPLE COMPONENTS）　| 127

### 24 美联储褐皮书　| 129
如果褐皮书认为经济在强势发展，很可能意味着利率短期内即将上涨。

### 25 裂解差价　| 134
当差价大的时候，炼油的利润率就高；差价缩小，也就意味着可图利润减少。

### 26 信贷可获性振荡指标　| 138
广义上说，如果企业和个人更容易获取信贷，那么经济活动就会增加，经济增长加快。

## 27 联邦基金利率     | 142

如果美联储想让经济放缓，它就提高联邦基金利率，也就是银行间贷款利率。

## 28 生育率     | 146

随着国家变得富有，生育率就会下降。

## 29 人均国内生产总值     | 151

就像医生通过听病人的心跳速率判断他的健康状况一样，经济师通过观察人均国内生产总值来判断经济的健康状况。

## 30 伦敦银行同行拆借利率     | 156

伦敦银行同行拆借利率和普通利率一样，在经济衰退时期下降，在繁荣时期上升。

## 31 M2 货币供应量     | 160

联储通过增加 M2 货币供应量加快经济发展，通过减少 M2 来减缓经济发展速度。

## 32 新房销售     | 165

强势的新房销售数据对于家具市场、房屋瓷砖市场、房屋建筑、水龙头制造商和其他像惠好这样的木材行业生产商都是好的标志。

## 33 费城联储 ADS 商业环境指数     | 170

与费城联储的另一个指标"商业前景调查"不同的是，ADS 指数关注的是整个经济状况。

## 34 费城联储商业前景调查     | 175

人们的心理依旧是商业界的重要驱动力，如果信心指数降低，那么也就不太可能出现强势的经济增长。

## 35 实际利率     | 180

当实际利率为负值的时候，就表明联储采取的是宽松政策，这是为了加快经济发展。

## 36 空头净额     | 185

一家公司被看空的股票总额，就叫做"空头净额"。

4

**37 罗素 2000 指数**    | 190

此指数跟踪的是2000个资产小于5亿美元的小型股。

**38 每周领先指数**    | 195

指数出现显著的、持续的、大面积的变动才值得引起我们的注意。

**39 收益曲线**    | 200

观察利率差就是监测收益曲线，可以帮助我们识别经济循环中的转折点。

## 第六部分　通货膨胀、恐慌心理和不确定因素
（INFLATION, FEAR, AND UNCERTAINTY）| 205

**40 国内生产总值平减指数**    | 207

GDP 平减指数能指出整个经济商品和服务的价格变化，而不像 CPI 只衡量一部分商品的价格。

**41 黄金价格**    | 211

如果投资者对黄金的投资需求在每年2,000万盎司以上，黄金价格就会持续上涨。

**42 经济失调指数**    | 216

经济失调指数观测的是贯穿整个经济脉络的"病痛"，经济阶梯最底层者的痛苦最为剧烈。

**43 生产价格指数**    | 221

生产价格指数表示商业成本有多少，只要经济作出调整，该指数是最先作出反应的指标之一。

**44 散户投资行为**    | 226

我们从数据中可以了解散户的投资行为，有时候可以选择采取相反的投资策略。

**45 信用差价：利率风险结构**    | 230

信用利差如果发生急剧缩小或扩大的变化，经济也会

出现大规模变动。

## 46 泰德利差 | 235

通过泰德利差，我们可以轻松计算出银行比起政府要多付多少贷款利息，它评估的是商业银行对于同行间贷款的自信度。

## 47 得克萨斯"僵尸银行"比率 | 240

该比率就是银行呆滞资产和可用资产的比率。

## 48 财政部通胀保值债券利差 | 244

它帮助投资者深入了解债券市场的通胀预期。政府债券交易的参与者几乎都是稳健、理智的投资者。

## 49 芝加哥交易所动荡指数 | 249

该指数衡量的是股市大盘下跌购买保险的价格。投资者愿意为这种保险付越多钱，就说明他们整体的焦虑水平越高。

## 50 美女指数 | 254

当你发现饭店和酒吧里的女招待都格外性感，那么判定现在的经济处于萧条期准不会错。

## 结 语 | 259

# 引 言

　　正如书名所言，这是一本介绍经济指标的书，但并非单单如此。这本书是要教你学会保护自己的财产，不论数目大小，都是辛劳所得，值得我们运用自己的聪明才智，再加上那么一点点运气，创造升值。在我们看来，最好的办法就是观察数据中显现的趋势，这可不是简单的几个人人都知道的度量标准，虽然那些也很重要，其他的还有一箩筐呢，大多数人可能听都没听过。投资者若想取得优势，要有创造性的，甚至略微怪癖的思路，不能隔着窗户纸看经济，而要不拘一格，另辟蹊径。也许现在你还不解其中之意，看完这本书你就会明白。

　　任何人，不论有多少投资经历，都了解2008年的重大信贷危机让股票市场陷入一片混乱，一直持续到2009年，大大小小的投资者眼睁睁地看着自己的资产一天一天，甚至分分秒秒在缩水。

　　为了防止悲剧再次发生，这本书将告诉你这些经济指示器如何在经济动荡之前就做出预警。有了这样的先见之明，你就能够及时作出投资调整，避免重蹈覆辙。

　　保护资产是投资成功的关键，即便我们在投资市场奋斗5年、10年、20年，节节胜利，但最终在一场金融劫难中一切所得化为乌有，意义何在？一切痛苦过后，尽管情况好转，你是否还有远见和勇气重返市场？2008—2009年的金融危机表明，大多数投资者都不够敏感，他们只关注到眼下的经济形势，而没有看到未来走向。

尽管投资者群体在这次危机中损失了上万亿的资产，但经济头脑和投资头脑似乎并没多少长进。他们总在良好的投资时机求稳，在需要谨慎的时刻冒险，实际上总是高买低卖，之后又以高价买入。这恰恰与投资策略相反。

这些投资者的前景不容乐观，但通过研习本书，就能够学会跟随经济循环作投资，从中获益，而不是只有经济形势好的时候才能投资赚钱。换句话说，这本书旨在教会投资者如何以成熟的方式思考经济，而不是指出具体的投资项目。想必大家都明白"授人以鱼，不如授人以渔"的道理，在投资领域同理。


## 投资线索

辨别经济暴涨、下跌或是停滞的趋势听起来很困难，但经济不可避免地会不断显露反映其自身健康状况的数据线索，一些被称作"领先指标"，预示经济的发展趋势；一些被称为"同步指标"，把握经济现状的脉搏；还有一些所谓的"滞后指标"，表明经济的历史状况。领先指标是盈利理念的最显著基础，但同步指标和滞后指标也很重要。

你也许已经明白，本书要讲的不是经济学知识，而是具体的投资战略，我们主要关注的是中期和长期的投资，不包括日间交易、外汇交易、衍生品交易和其他短期投机，这些最好留给技术分析师、计算机和经验老到的人来处理。

我们能够帮助的是那些希望利用经济数据和指标来辨别下个月或是下一年经济走向，进行相应投资期望获利的投资者。

如果你到书店转转，总能看到很多讲述经济指标的书，有些声称解开了其中的奥秘，至少有些会企图让非高智力水平的人群理解人文学科里一些最复杂的概念。

我们不作出这样的断言，这本书显然不是为初学者设计的，但想要读懂也不需要你有经济学博士学位，其中也不包括什么所谓的"秘密"。

本书中的信息虽然对大多数人来说有些晦涩，但都是现成的信息，我们所做的是搜寻和整理，然后再以简洁轻松的方式解释给读者听。

我们认为，读者需要自己作一些调查和预测，初出茅庐的新手很难分辨专业人士、冒牌专家和骗子的差别，因此读者自己学会一些专业常识是必要的。

## 神奇的 50 个指标

为帮助读者认识经济，我们希望所选出来的经济指标能够涵盖经济的方方面面，至于一些人人皆知的指标我们就不再提及，因此你在我们的列表上看不到像 CPI（Consumer Price Index，居民消费价格指数）这样的概念，毕竟与经济市场利益不相干的人都知道怎么估量通货膨胀。了解所有人都知道的常识可不能让你有什么优势。

与此相反，你需要看到不寻常的东西，这就是为什么我们不准备再老生常谈。我们的指标则是要帮助你提前预知通货膨胀（不仅是有关消费价格）、GDP（国内生产总值，衡量整体产品和服务产值）和失业将导致的后果。

"50"这个数字也许令人望而却步，但我们要清楚，经济是一头变幻无常的怪兽，需要我们从多个角度和维度考察。虽然一些角度更为重要，但所有的角度综合在一起才能够提供一个关于经济循环的细致真实的写照。你需要认清这个复杂的真实写照，因为在经济中不存在一个通吃的指标。

许多经济指标会随机性地大幅度上下波动，比如因为一场可怕的暴风或者fluke order。此外，迫于尽快做出数据的压力，一些指标仅仅是猜测，需要后期修正，有时候结果差异很大。最后，许多指标，例如房产销售，需要作季度调整，这些调整技巧极易出错，会因为季节波动造成过度抵消或者抵消不足。

精心挑选出好的经济指标再作分析，可以帮助我们排除掉所谓的"统计噪声"。我们认为应当尽量考虑更多的指标，这背后的直觉很简单：越多的指标指向同一个方向，这个趋势越有可能是一个确凿的经济现象，而不是任意随机或者季节性的变化。本书中的指标选择主要基于四个标准：

1.时效性：信息如果在获取之前就会失效，何必费功夫？

2.准确性：如果数据不可靠，或是频繁更正，何必费功夫？

3.独特性：如果一个指标大多数投资者都知道并且会利用，何必费功夫？

4.与真实经济和实际投资实践联系的紧密度：如果指标不能够说明经济的历史、现状和前景，何必费功夫？

我们在专注于经济学和经济史研究将近半个世纪后，对于如何入手有很好的想法。但仅依靠我们自己的经验是不够的，是人总会犯错，因此我们咨询了许多同行——记者、金融市场专业人士、学者——对于我们指标名单的看法，记下他们的意见建议，作了必要的修正。对于他们的贡献我们心怀感激。

我们在挑选决策的过程中发现，即使对于很多每天都在思考经济和投资的人来说，我们列单上的50个指标也是他们先前很少意识到的，这本书给了他们大大的惊喜，就像是经济学家们的春节提前到来了一样。

总而言之，如果你想要知道经济的历史、现状和未来走向，读这本书是一个很好的开始！

## 本书结构

每个指标我们都分四部分来介绍，第一部分进行简单描述；第二部分提供走势图和其他数据图；第三部分叫做"投资策略"，教你运用这些指标的技巧；最后一部分简略总结指标的关键部分，提供数据来源。

物理界最著名的公式就是爱因斯坦的 $E=MC^2$，宏观经济学中与之相媲美的公式是 $GDP=C+I+G+NX$，这个等式表示了被最为广泛认可的衡量经济行为的指标 GDP 的构成要素，说得直白点儿，GDP 就是告诉我们一年或者一季度内生产了多少经济产品。

根据这个公式，我们按照 GDP 的四要素将指标归类为：消费（C）、商业投资（I）[1]、政府（G）和净出口（NX）。这四项要素囊括了经济中发生的一切行为，有关每项要素的指标我们书中都有涉及。

我们另外总结了一类指标，这一类指标会同时涉及多项要素。最后我们还列举了一类有关通货膨胀、恐惧和不确定性的指标。这种结构组织符合一个经济初学者的直观概念，也意味着前几章介绍的指数可能相对难懂。如果读者希望看到更有趣的内容，可以随时直接翻到最后，本书的后几章更加轻松有趣。50 个指标的介绍并不是按照一个线性的排序，不需要你按照顺序逐一学习，而是像网页一样可以随意翻页查看。

为了考察我们列出的每一项指标，我们采访了经验丰富的专业人士，他们对于各类不同数据如何反映潜在经济都了如指掌。书中多次引用他们的言论和讲解，让读者能够借鉴他人之智，对宏观经济和具体投资都能有一个真实的、立体的、细致的认识。

我们在讲述 50 项指标中嵌入了一些非常有帮助的"应用小插件"，为了快速索引，明确标注每个指标是领先指标、同步指标、滞后指标还是前者间的结合；交叉索引中也展示了那些类似或相关的指标；最后，每个指标的最

---

1　读者不要把"投资"和"商业投资"（也叫"企业投资"）的概念搞混。商业投资意味着设备引进、新建厂址。在某种意义上，投资指的是任何以营利为目的、对金融或者其他资产投入的资本。例如，在二级市场购买股票是一种金融投资行为，但并不是商业投资，因为它没有带来经济上新的净投资，而只是资产易主。本书会明确区分读者可能实行的投资行为和经济学家用来计算国内生产总值（GDP）的商业投资（I）。

后还有一个"总结参谋"，简要回顾了本章所讲指标的七项重要属性：

◎资料发布时间

◎资料来源

◎资料看点

◎数据解读：资料与经济或具体产业的联系。

◎应对措施：有些建议很具体，教你在什么情况下要作出怎样的投资决策；有些建议则很宽泛，最简单地说，就是在经济走低时求稳第一，在经济恢复时敢于冒险。在本页的脚注中我们对于其他方面的投资建议给了一个更为专业的解释。[1]

◎风险等级

◎风险评估后的潜在利润，每个 $ 符号代表每年10%的收益：风险和收益通常是成正比的，预计风险越大，潜在的收益越大。我们用"潜在"一词，表示收益越高，得到的可能性就越小，想必读者都明白这点。

---

1　如果你认为名义利率要下降（通常在经济衰退期发生），买入债券，很可能会价格上涨（名义利率和股价成负相关。如果你对此一无所知，或者认为自己的相关知识不够，可以参考赖特和瓜德里尼的《金钱与银行业》（*Money and Banking*）一书，可以免费在 www.flatworldknowledge.com/printed-book/1634 下载到，在金融市场研究机构 Thomas Willing Institute 的网站 www.augie.edu/thomaswilling 上也有全面的金融术语表。如果你认为随着经济扩张，或者通胀急剧加重，名义利率将上升，那么就减少持股（通常是直接卖出股票，或者通过融券，高价卖出所借债券，再低价买回，具体内容会在《空头净额》一章讲解），因为很快股价就会受到强力冲击。用赚到的资金购买黄金、地产和其他会随着物价一起增值的资产（甚至更好的状况是，其增值速度比物价上涨更快）。如果经济回暖，没有通胀压力，金融、工业或者建筑行业的顺周期性股票是不错的投资选择。与此相反，如果经济衰退显现，食品行业和日用品行业的防御性股票可能是更明智的投资取向。如果恐慌和危机迫近，国债有可能飞涨，例如 2008 年 9 月的情况。

想要成为一个成功的投资者，是否就必须掌握并追踪这些指标？也不一定，也许你会走大运撞上未来的牛股，就像很多早期撞上科技股"谷歌"发家的投资者一样。当然你也有可能买到像安然公司和莱曼兄弟这样的股票，这些曾经的金融市场巨头如今也荡然无存。简单来说，你追踪分析越多的数据，对于经济状况的直觉就越准确。最开始会有些困难，你会越学越觉得自己知道的太少，但很快你就会形成全局观，更明智地作投资。

是人总会犯错，偶尔的错误会让你有所损失，但如果你熟练掌握本书中的知识，就能很好地控制损失，并迅速扭转局势。此外，如若你学会聆听经济的步调，就能在其他投资者之前锁定合适的投资产业，占据优势。本书介绍的指标将帮助你拓展认识，少走弯路。祝读者享受阅读，学有所获。

# 第一部分 消费

本章详细介绍的五个指标均与消费相关，包括国民汽车、家具、家电等耐用品消费，食物、衣服、燃料等非耐用品消费和医疗、运输、教育、娱乐等服务消费。

当今，消费需求占美国经济比重的70%，重要性不容忽视，密切关注本章节中介绍的各项指标，能够帮助你把握消费需求的脉搏，也就使你抓住了经济活动的大头。

# 1 汽车销售量

## 经济衰退的领先指标，滞后恢复的同步指标
（参见美国供应管理协会制造业调查数据）

1953年，美国通用汽车公司总裁查尔斯·威尔逊曾说："对国家有利的就是对通用汽车公司有利的，反之亦然。"至今情况依旧。提到经济，特别是制造业领域，汽车公司（不论是通用还是其他巨头）都起着至关重要的作用。

你可以细数一下制造汽车所需的东西：车身钢板、油漆、挡风玻璃、车灯玻璃、电路所用铜丝、轮胎橡胶、塑料、内饰的布料或皮革，这就意味着当福特、通用、克莱斯勒、本田、现代这些大型汽车公司在制造和销售汽车时，一系列的辅助工业都在同步加紧生产。

"这绝非一个细节指标，"杜克大学富科商学院金融系教授坎贝尔·哈维指出，"汽车工业与许多其他工业有着千丝万缕的联系，通过观察其中动向，你就能够了解整个宏观经济的健康状况。"

对于大多数人，购车是仅次于购房的第二大花销。一辆新车大约3,000美元（在作者2010年成书时的合理价格），占大多数人税前年收入的很大一部分，更是一些人全年的花销总额。当人们买车的时候，就表明他们对于自己的经济和财务前景很自信。"如果大家觉得自己很有可能失业的时候是无论如何都不会去买车的。"哈维这样解释。

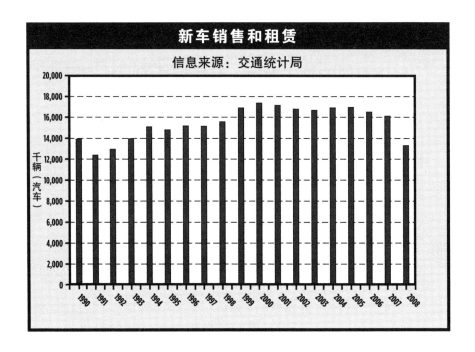

新车销售和租赁

信息来源：交通统计局

## 投资策略

汽车销售额是预示经济衰退的可靠领先指标，当人们担心失业的时候几乎不会考虑购车。即便经济刚走出衰退的时候，汽车销售的恢复依旧会滞后，因为大多数人都会等待经济回转形势明朗之后才会考虑大宗购物。

正如本节图表所示，新车销售在2000—2001年的低迷时期下降，在2005年前后有所回升，但在2007年经济出现疲软信号时剧烈下滑。

对于汽车销售我们重点关注新车销售和租赁情况，毕竟只有新车的生产才能带动其他产业。二手车的销售不需要生产新的材料，但也代表了人们的买车意愿。

在解析汽车销售数据时要找到数据趋向。

"要能找到上涨和下跌的惯性势头，"哈维解释说，"你可以观察近些年的情况，找到其中的关联。"

如果你看到连续的销量下跌，很可能就预示着经济即将走向疲软时期。同样，如果趋势是在上涨，经济状况可能在好转。哈维也指出，人们贷款购车行为可能会扰乱销量趋势，因为在经济下滑时期，银行利率降低，同时贷款购车的还贷额也大大降低到人们的支付能力之内，这种情况也会促使经济疲软时期的汽车销量好于预期。

当汽车销售预示即将到来的经济下滑或衰退时，避免投资那些受经济循环影响较大的产业是明智之举。换句话说，就是避开政府债券和优质公司债券。

### 总结参谋：汽车销售量

·**资料发布时间**：每月第一个交易日发布上月汽车销售数据。

·**资料来源**：各大汽车公司发布数据后，《华尔街日报》记者会在其网站 WSJ.com 上整理发布消息。等所有数据放出，网站将发表专文解释数据，解读当前汽车工业状况。

登录"华尔街日报在线"，浏览"市场数据库"，将数据和投资者预期进行对比。你可以在 www.WSJMarkets.com 上找到数据库，然后点开 Calendars & Economy（财经日历）板块，找到 Auto Sales（汽车销售）链接。

其他的数据来源包括交通统计局官网 www.bts.gov/publications/national_transportation_statistics/，和通用、福特、克莱斯勒、现代、本田、丰田等汽车制造公司公布的销售数据。

·**资料看点**：新车销售和租赁的下降趋势。

·**数据解读**：人们因为担心失业不考虑购车。

·**应对措施**：避免投资易受经济循环影响的产业，避开政府债券和优质公司债券。

·**风险等级**：中。

·**潜在收益**：$$

# 2 连锁零售业销售

## 同步指标

美国人特别爱买东西，消费需求是美国总体经济健康状况的重要因素。由于美国大多数人是从零售商处购买物资和服务的，因此从零售销量我们就能洞察美国内需状况。

尽管大多数零售部门的数据都会滞后发布，但一些全球最大的零售商会及时发布消息，例如连锁的萨克斯百货（SKS）和GAP服装店（GPS），还有像BJ和好市多（COST）这样的会员制仓储式大商场。这些大型连锁销售公司尽管销售额只占零售商销售总额的10%，但每周二，这些公司就会公布上个周六之前的一周销售数据。

这些信息的价值不仅在于及时性，而且连锁企业的数据让我们从中能够看出全国的消费状况，而不仅仅是地区性的情况。

此外，连锁零售企业通常是销售大师，他们采用最先进的营销策略，雇佣最具聪明才智的市场营销人员，他们资金量大，店面分布广，总能拿到第一手商品。如若这些巨头停止生意，零售界的其他商户也没生意可做。

与此相关的数据有两大来源：约翰逊红皮书指数（Johnson Redbook Index）和高盛国际购物中心协会（ICSC）每周零售行业销售指数，两者也都提供月度报表。（此外，美国人口普查局每月公布包括小零售商在内的销售报告。）

## 投资策略

销售占据 GDP 庞大的比例，要想做经济预测，这部分数据不容忽视。当数据显示连锁企业营业额增长，表明整个经济的消费内需部分运行良好；如若营业状况恶劣，则表明情况相反。

在决定是否要投资萨克斯百货（SKS）、塔吉特（TGT）和 J. Crew 集团（JCG）此类零售业股票时，可以利用这些数据，但要格外谨慎。"购买此类股票要求你格外在行和敏锐。"在宾夕法尼亚康舍霍肯的 PMG 资本投资银行工作的资深零售业分析师克里斯汀·本茨说。

她给此领域未来的投资者也提供了一些建议。首先，并非所有的零售业数据都有用，大型零售商的销售数据可能因为店面的开张和关闭而起伏，为了获取更有用的信息，开张时间不足一年的店铺的销售数据须排除在外。

因此，需要观察的是开张超过一年的店铺销售信息，也就是通常所说的同店销售额，这是衡量零售企业运营效益状况的标准，在每月第一个星期四公布，虽不如原始数据及时，但对于投资者来说更有用。

"选择一支股票要先确保看到连续的年度同店销售额同比增长数据。"本茨建议道。简单来说，当销售额数据与去年同期或上月相比显示增幅时，才考虑购买。她进一步解释："这种增幅表示此企业产品良好，销售趋势良好，每月都有客户源源不断光顾。"

更为重要的是，要看出这一时段同店销售额的预期值，一家企业可能有良好的连续年度同比增长，但表现依旧达不到分析师的预期，股票价格也会随之动荡。

"如果一支股票保持连续的阶段增长，并且总是超过分析师预期，就值得购买。"本茨表示。她又补充说，在经济涨势繁荣的年份，也可以考虑一些跟随零售业股票的基金，例如SPDR标准普尔零售基金（XRT）。但在经济衰退时期情况就大不同，现在并非所有的零售商在管理起初就是平等的，当我们选择和购买股票时需要精心筛选。

## 约翰逊红皮书指数（部分数据）

| 日期 | 红皮书指数<br>Yo Y% | 预期<br>Yo Y% | Sales<br>Base<br>$bin | 月度变化 *<br>% | 预期<br>% | 月度销售<br>周数 | 月度销售<br>截止日期 |
|---|---|---|---|---|---|---|---|
| 2007–07 | 2.89 | 2.8 | 17.53 | 0.12 | 0.0 | 4 | 08/04/07 |
| 2007–08 | 2.39 | 2.0 | 17.56 | -0.32 | -0.7 | 4 | 09/01/07 |
| 2007–09 | 1.99 | 2.6 | 17.83 | 1.17 | 1.7 | 5 | 10/06/07 |
| 2007–10 | 2.10 | 2.3 | 17.73 | -0.45 | -0.2 | 4 | 11/03/07 |
| 2007–11 | 2.39 | 2.3 | 17.65 | -0.16 | -0.2 | 4 | 12/01/07 |
| 2007–12 | 1.32 | 1.2 | 17.80 | -0.21 | -0.3 | 5 | 01/05/08 |
| 2008–01 | 0.54 | 1.1 | 18.07 | -5.64 | 1.3 | 4 | 02/02/08 |
| 2008–02 | 0.48 | 0.7 | 17.66 | -2.33 | -2.1 | 4 | 03/01/08 |
| 2008–03 | 1.06 | 1.4 | 17.84 | 1.60 | 2.0 | 5 | 04/05/08 |
| 2008–04 | 1.60 | 1.8 | 17.50 | -1.42 | -1.3 | 4 | 05/03/08 |
| 2008–05 | 1.82 | 1.7 | 17.54 | 0.47 | 0.4 | 4 | 05/31/08 |
| 2008–06 | 2.59 | 2.8 | 17.26 | -0.86 | -0.7 | 5 | 07/05/08 |
| 2008–07 | 2.92 | 2.9 | 17.43 | 1.31 | 1.3 | 4 | 08/02/08 |
| 2008–08 | 1.74 | 1.6 | 17.43 | -1.14 | -1.3 | 4 | 08/30/08 |
| 2008–09 | 1.25 | 1.7 | 17.31 | -1.13 | -0.7 | 5 | 10/04/08 |
| 2008–10 | 0.57 | 0.7 | 17.36 | -0.42 | -0.3 | 4 | 11/01/08 |
| 2008–11 | -0.91 | -0.5 | 17.41 | -1.16 | -0.7 | 4 | 11/29/08 |
| 2008–12 | -0.95 | 0.6 | 17.30 | -0.68 | 0.8 | 5 | 01/03/09 |
| 2009–01 | -2.30 | -1.8 | 17.10 | -2.68 | -2.0 | 4 | 01/31/09 |
| 2009–02 | -1.62 | -1.9 | 17.04 | 0.76 | 0.4 | 4 | 02/28/09 |
| 2009–03 | -0.80 | -0.8 | 16.92 | 0.09 | 0.1 | 5 | 04/04/09 |
| 2009–04 | 0.49 | 0.3 | 16.93 | 1.37 | 1.1 | 4 | 05/02/09 |
| 2009–05 | -0.09 | 0.2 | 16.97 | -0.34 | -0.1 | 4 | 05/30/09 |
| 2009–06 | -4.38 | -4.2 | 16.96 | -4.34 | -4.1 | 5 | 07/04/09 |
| 2009–07 | -5.64 | -5.0 | 16.91 | -1.62 | -0.9 | 4 | 08/01/09 |
| 2009–08 |  |  | 16.58 |  |  | 4 | 08/29/09 |

\* 月度变化每季度都会有所调整，在当前月，约翰逊红皮书指数显示当月到目前为止的平均数据，直到月末。

\*\* 自2009年6月起，我们的零售示例数据不再包括沃尔玛。

## 总结参谋：连锁零售业销售

· **资料发布时间**：月度同店销售数据在每月第一个星期四发布；国际中心购物协会（ICSC）和红皮书指数每周二早晨发布上周数据。

· **资料来源**：《华尔街日报》记者在数据发布后整理发布新闻。你可以查看到有关整个行业和单个企业的文章。

登录"华尔街日报在线"，找到"市场数据库"，可快速浏览数据，以及与投资者预期的对比。你可以在 www.WSJMarkets.com 上找到数据库，然后点开 Calendar & Economy（财经日历）板块，找到 U.S. Economic Events（美国经济事项）链接，找到每周二 ICSC 和 Redbook（红皮书）每周二发布的一周数据。月度数据可以在各大零售商网站上找到。

约翰逊红皮书指数只对红皮书调查客户开放，但在其网站 www.redbookresearch.com 网站上有部分免费数据。

如果你愿意付费获取数据，本茨推荐由零售研究公司（Retail Metrics）总裁肯·佩金斯提供的包含大量数据的电子数据表。

· **资料看点**：年度同店销售同比增长/下跌趋势。

· **数据解读**：零售店销售状况良好/糟糕。

· **应对措施**：在高于/低于年度同店销售同比预期时买入/

卖出。

- 风险等级：中。

- 潜在收益：$$。

# 3 消费者信心

## 领先指标

人们可以用各种话形容美国，至少说它是个挥金如土的国度不为过。因此，投资者和经济学家总得费功夫操心投资者是怎么想的，情绪如何，简单地说，消费者情绪好的时候往往爱花钱。

尽管如此担忧情绪问题，但很少有人设立专门的经济指标对此调查，在大街上随便抓个人就问他"你感觉怎么样？"。大部分此类指标衡量人们过去做了什么，正在做什么。

通过简单地询问普通人怎么想、什么感受来作调查的主要有两个机构：美国经济咨商局和密歇根大学，分别发布消费者信心指数（CCI）和密歇根经济景气指数（Michigan Sentiment）。

就这两项指数采用家庭调查的方式，询问的信息大致都是：从经济层面来说，你最近感觉如何？对未来看法如何？

简单来说，这些指标中的大额数目表示消费者相信经济状况在提高，并且这种良好局面将持续。例如，如果 CCI 在4—5月期间从49长到55，表明消费者相信经济形势走好；与此相反，低指数或下降指数就表明消费者不看好经济前景。

密歇根经济景气指数调查每月发布2次，第一次发布先于 CCI。此外，密歇根经济景气指数也包含在一些政府数据中，因此更值得观察者注意。

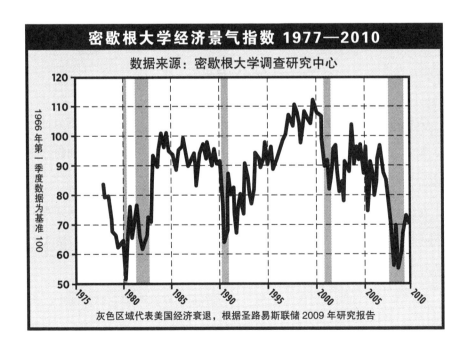

## 密歇根大学经济景气指数 1977—2010

数据来源：密歇根大学调查研究中心

1966 年第一季度数据为基准 100

灰色区域代表美国经济衰退，根据圣路易斯联储 2009 年研究报告

但对于不满足于总体数据的人来说，CCI 同样有用，它还调查了大额消费（例如买车和家用电器）计划、通货膨胀预期、不同年龄和收入层面消费者信心状况。

但两个指标都存在一个小问题：这些指标都极具不稳定性，存在很多扰乱因素，经常有随机的涨落情况，因此很难解读。

这种不稳定性一部分是由于个体心理状况可能受到很多因素影响，例如油价飞涨和恐怖主义袭击会降低消费者信心。密歇根经济景气指数经常显现短期内的振荡，但整体走向能看到，在经济走向衰落期，消费者信心指数也出现急剧下跌。

## 投资策略

由于两项指标的不稳定性，投资者利用这些指标时要格外谨慎。"我们应该观察趋势，而不是某一时间的数字。"纽约杰富瑞集团投资银行首席市场分析师阿特·霍根说。也就是说，一个数据高峰并不代表一个经济的春天，消费者情绪可能因为各种原因波动，不能形成连续的趋势。"要综合月度数据，观察3个月的波动状况，才能作出明智的投资决策。"

例如在1980年和2001年，指数准确反映了市场下滑，但在1981—1982年、1990年和2008—2009年的衰退期，消费者信心指数在衰退结束前显示了几次反复的信心回升和下降。

由于这项指标受多重因素干扰，因此可将这些指数和本书所讲的其他指数对照来看，例如消费者耐用品消费指数和银行是否放宽贷款限制。

当你确信消费者信心在上涨时，投资的最佳机会往往在零售行业部门，霍根传授道，在经济衰退期结束的时候，他往往首先关注消费必需品股票，例如沃尔玛（WMT）这类食品和杂货商店。接着关注一些可选择性商品的零售商，例如寇驰（COH）和蒂芙尼（TIF）此类奢侈品销售企业。

反过来，如果看起来经济即将走低，那么投资者也应该先从奢侈品行业撤资。

---

### 总结参谋：消费者信心

· **资料发布时间**：每月最后一个星期二，美国东部时间上午10点发布美国经济咨商局消费者信心指数；每月第二个星期五发布密歇根经济景气指数。

· **资料来源**：《华尔街日报》记者紧跟消费者信心状况调查，在各机构发布数据后，《华尔街日报》记者会在其网站 WSJ.com 上整理发布消息。登录"华尔街日报在线"，找到"市场数据库"，可快速浏览数据，以及与投资者预期的对比。

你可以在 www.WSJMarkets.com 上找到数据库，点开 Calendars &Economy（财经日历）板块，点开 U.S. Economic Events（美国经济事项），找到密歇根经济景气指数（Consumer Sentiment）和消费者信心指数（Consumer Confidence）链接，两项指标分别在每月第二个星期五和最后一个星期二发布。

此外，Briefing.com 也会在数据发布后公示，圣路易斯联储的联邦储蓄经济数据库（FRED）会提供密歇根经济景气指数各项细节，美国经济咨商局信息也能在其网站 Conference‑Board.org 上找到。

- **资料看点**：在连续几个月期间消费者信心的增长／下降。

- **数据解读**：消费者处于兴奋状态／采取谨慎态度。

- **应对措施**：买进／抛售零售业股票，首先从必需品行业入手，其次考虑奢侈品行业；抛售股票时首先卖出奢侈品行业股票。

- **风险等级**：低。

- **潜在收益**：$。

# 4 现房销售量

## 领先指标

（另参考新房销售、铜价）

总说英国人把家看做自己的城堡，对美国人来说，有个家就是梦想。不管怎么说，房屋是很多人财产的重要部分，房屋销售从各个层面上看都很重要，房产市场的状况对于一个国家的人民心理状况和消费模式都有重要的影响。

经济学家和资产经营者都会紧密关注美国房地产经纪人协会有关现房销售的报告，正如名字所示，报告显示每月二手房销售量——房地产市场的大部分经济行为（其余为新房销售）。报告内容不仅仅如此。

"报告还显示待售房屋数量，给出本国房屋价格的中间价位。"纽约的彭博公司经济学家乔·布鲁苏拉斯说。

　　整体房价对于经济的重要性通常归结于"财富效应"，就是说当房价上涨时，房屋所有者就自我感觉富有，进而影响他们对自己经济前景的看法。特别是当人们觉得自己有钱时，即便每月固定工资没有变化，也会变得爱花钱。有涨就有跌，反过来当房价下降的时候，消费者就会减少开支，有时幅度巨大。

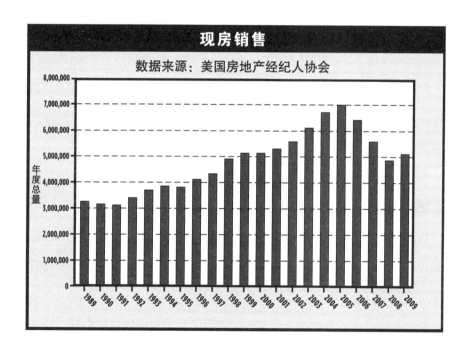

　　在21世纪初的房产泡沫时期，这种情况更是发展到失控的地步。"消费

者看着自己不断上涨的房产估价，大肆以此为依据来规划当前和未来的花费。"布鲁苏拉斯说。

消费者不仅自以为有钱，还到银行抵押房产贷款消费。除"财富效应"之外，房产价格还带来很多直接影响。布鲁苏拉斯解释道："人们在买房的时候也需要买新的家具、电器、家居用品等，因此现房销售会带动经济的方方面面。"

## 投资策略

房产销售从来都是经济复苏的关键。"在过去经历的10次战后衰退期中，房地产都是经济复苏的动力。"布鲁苏拉斯认为这种现象很明显，因为在衰退期美联储、美国中央银行都会采取降息措施。

大多数人都需要贷款买房，贷款利率下降意味着买房的月供降低，因此总会掀起购房热潮。（汽车销售也会获益于降息措施。）

在2008年房产市场萧条之后，我们面临的巨大问题是，在今后，房地产还是否能够在经济恢复时期继续扮演重要角色。布鲁苏拉斯认为，今后它的作用不会再如以往，甚至会沦落到配角的位置。

要决定房产市场是否在上升，一个诀窍就是观察待售房屋总量，特别要看待售房屋平均需要多少个月才能卖掉，即 months of available inventory.

很显然，如果待售房屋数量很低，表明房地产市场繁荣，甚至经济繁荣；如果待售房屋数量很高，代表相反的情况：房地产市场走低，经济下滑。

## 总结参谋：现房销售量

· **资料发布时间**：现房销售数据在每月20号左右美国东部时间上午10点发布。

· **资料来源**：《华尔街日报》记者紧跟房地产市场销售状况，在美国房地产经济人协会发布数据后，《华尔街日报》记者会在其网站 WSJ.com 上整理发布消息。

登录"华尔街日报在线"，找到"市场数据库"，可快速浏览数据，以及与投资者预期的对比。你可以在 www.WSJMarkets.com 上找到 Market Data Center（市场数据库），点开 Calendars & Economy（财经日历）板块，点开 U.S. Economic Events（美国经济事项），找到现房销售（Existing Home Sales）链接。

你也可以直接到美国房地产经纪人协会网站 www.realtor.org/research/research/ehsdata 查看，此网站还包括其他值得关注的数据，如合同房屋销售，即交易进行中未成交的房屋销售状况，合同房屋销售能预示短期内房地产销售活动。

· **资料看点**：现房销售的涨跌情况，和待售房屋等待时长。

· **数据解读**：经济状况可能在好转 / 走向低谷。

· **应对措施**：如果房地产市场振奋，其他指标同时表明经济繁荣，可进行随经济状况涨跌的投资，例如股票。

- 风险等级：中。

- 潜在收益：$$。

# 5 失业及不充分就业

## 经济衰退的领先指标，经济复苏的滞后指标

前总统克林顿的竞选口号"笨蛋，经济才是关键！"似乎不那么准确，应该改成"笨蛋，就业才是关键！"对政治家来说，经济衰退就是缺乏就业机会的近义词。

对于投资者来说也一样，但媒体大肆报道的失业率太过模糊，不能作为衡量标准，我们如果往深处挖掘，就能明白更多，从而从中获益。

另一项相关指标是不充分就业率，表示有多少人没有全职工作而在打零工。这项指标的用处在于让我们看到未来走向。例如，通常失业状况到来之前，一部分人工作时长会减少，因为雇主在经济放缓期间会谨慎对待解雇员工，有所保留。

"雇主通常尽量保存劳动力，因为培训员工的代价很高。"旧金山菲茨杰拉德证券交易公司的市场战略师马克·帕多说。管理层明白经济只是间歇性的暂时波动，重新雇佣和培训员工是昂贵的。

通常只有在经济衰退持续一段时间之后管理层才会开始解雇员工，这种延迟让我们可以通过跟踪不充分就业率指标来推断未来的失业状况。

美国劳工统计局将不充分就业的人群细化，明确指那些找不到工作而做零工的人和不得已被雇主缩减工时的员工，这些现象被统称为"slack"。经济学家自然更关心那些想工作而不得的人，而不是那些自己不愿意工作的人。

当然，也并非所有的工时缩减都是裁员的前兆，有时管理层不经过缩减工时阶段就直接裁员，slack 报升并不一定代表失业率也将升高，但这项指标能够预示经济走低，这从本节图表中可以看出。

当走出经济衰退的时期，这项指标就不那么可靠了，一些雇主在重新雇佣全职劳动力之前会先考虑雇佣兼职员工，等待公司情况明确需要额外全职员工的时候才会考虑重新雇佣。因此在经济复苏时期，最好查看工作加班报表，如果高强度的加班持续了数月，管理层很可能会考虑雇佣新员工，因为这要比付给现有员工1.5倍的加班费便宜得多。

## 投资策略

如果你专注跟踪观察不充分就业率，预测到即将发生的失业状况，就可以相应调整自己的投资策略，关键在于能够知道经济的哪些部门会情况良好，哪些会一团糟。

"随着失业率上升，你可以考虑保障性部门，例如药业、食品业和酒类行业这些人类生活的支柱行业。"帕多评论道。也就是说，此时投资那些售卖对于失业的人也不得不继续购买的必需品的公司，是明智的。他还特别指明有医疗、制药、食品部门和汽油、电力等公共事业部门，这些公司的收益相对稳定。

在运用这项指标的时候有两点要注意。首先，不要被数据的"假动作"蒙骗，有时候显示的工作机会增加与经济趋于衰退不相关，因为每10年，人口普查局就会雇佣大量临时工，这些人很快就会回流到人才市场中。你可以通过学习本书中的其他指标，来确定临时性就业机会是商业循环的表征。其次，帕多指出，购买保障性股票是为了保护自己的财产，因为此时大多数股票都会下跌。"这时候的关键是哪些股票跌得少。"换种说法，投资保障性股票相对于其他高风险股票损失会小。

---

### 总结参谋：失业和 slack

· **资料发布时间**：每月第一个星期五东部时间上午8：30发布。

· **资料来源**：《华尔街日报》记者紧跟就业状况，数据发布后，WSJ.com 网站上会出现很多头版头条具体分析就业形势。

想要了解不充分就业／失业的细节数据情况，可以到美国劳工统计局网站 www.bls.gov 上找到名为"各类员工就业及不充分就业"标题的图表。

**注意**：2010年年初，劳工统计局改变了一些计数方法，投资者需要注意，因为只有同等计算方法的数据才能放在一起作比较，从时段的差别中才能看到变化。因为没有注意到的投资者可能从数字的变化中推测经济状况的变化，而实际上只是因为统计方法的改变。

· **资料看点**：不充分就业率上升。

· **数据解读**：经济衰退。

- **应对措施**：购买保障性股票，例如制药、食品和酒类行业。

- **风险等级**：低。

- **潜在收益**：$。

第二部分　投资

本章节介绍了11个有关商业投资的指标，主要是有关商店、仓库的库存，建筑、汽车、机械和电脑软件产业的固定投资，单户和多户住宅的投资建设也包括在内。

商业投资占美国 GDP 的15%~20%，或许和消费比起来显得没那么重要，但是投资涉及巨额资金流动，因此从边际角度看，其中动向依旧十分重要。消费者也许会因为经济状况缩减开支，但不论经济前景多糟糕，还是免不了要有食品、衣服等基本消费。与之相反，商业投资对于新工厂、存货或软件的注入并非必需，就如同个人没有必要买新房一样，当经济状况走低的时候，商业投资可能会全方位缩减，甚至暂停。

# 6 订单出货比

## 领先指标

半个世纪以前，家家户户都有电脑的事情就是科幻小说，现在这不仅不是小说，而且我们从手表到台式电脑到笔记本再到汽车和电话，样样东西里都有一个小电脑，这可是个大行业。

为这些小电脑提供驱动支持的是芯片或者半导体这样的微处理器，其全球市场价值在2010年估计在3,000亿~3,500亿美元之间，旧金山 specialty research boutique 的全球证券研究公司技术分析师特里普·乔杜里为我们作了分析。

不论在家中还是工作场所，半导体都广泛运用在各个新潮的小器件中，我们从半导体行业中，也能看出整个经济的健康状况，或者更具体说是一些技术行业的状况。

我们用"订单出货比"（测量订单和出货之间关系的数据）这个衡量标准可以简单地估测芯片行业的健康状况。

也许最好地阐述这两个抽象概念的方法就是通过下面的例子。例如一个公司一个月预订了100个微处理器，那么订单额就是100。但如果在这一个月，只有80个芯片出厂交付，出货额就是80，公司只有将制造出厂的芯片运送到消费者那里才算成交。

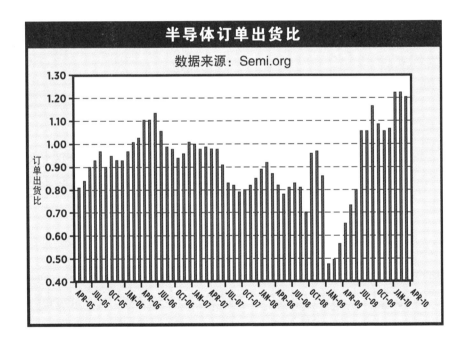

在这个例子里，订单出货比是100/80，即1.25，这家公司出现了积压未交付订单，这对于消费者也许是不爽的事情，但却将芯片制造商置于有利

地位。

半导体产业协会整理了其整个行业的订单出货比，显示本行业是存在积压未交付的订单，还是制造的芯片超过了消费者需求。

## 投资策略

简单来说，订单出货比显示1.0以上的数据时是良好数据，表明本行业中供不应求。

"这就说明行业在扩充。"乔杜里说。换种说法，由于对电脑、苹果平板电脑、手机、汽车和服务器的大量需求，本行业出现了全面的积压订单。

与此相反，当经济势态不好的时候，芯片制造商就会出现生产过剩，制造出超过消费者需求的芯片数量，这是此行业和整个经济走低的标志。

本节图表中显示，订单出货比在经济衰退期急剧下降，在2009年1月达到0.47，这意味着芯片制造商生产的微处理器只能卖出一半。

类似数据反映了极度悲惨的形势，所生产的芯片卖不出去，就只能暂时存在仓库中，等待境况好转。

在满目疮痍的情势后，接下来的数月中订单出货比出现了持续好转，领先于其他经济指标，到2009年7月时，数字回升到1以上，表明整个行业出现了积压订单。

随着整个世界经济重装上阵，经济需求也十分强烈。

在运用这项指标的时候要格外谨慎，尤其当观察个支股票时不能过分依赖。乔杜里说，订单出货比显示1.0以上对手机产业、个人电脑市场和网络服务器市场来说是好征兆，这是考虑购买股票的一项数据依据，但单单这一个是不够的。

此外还需注意的是，库存管理原则总在变化当中，精益库存越来越成为趋势。

乔杜里说这表明或许将来解读订单出货比不再那么直接有效。

但如果数字超过1依旧是好征兆。

### 总结参谋：订单出货比

· **资料发布时间**：每月中旬发布上月数据。

· **资料来源**：半导体产业协会在其网站 www.sia－online.org 上发布数据，另外也可参阅 www.semi.org.

· **资料看点**：订单出货比数字上升高于1.00或者下降低于1.00。

· **数据解读**：经济总势头在加速／放缓，芯片生产部门运营良好／逐步走向破产。

· **应对措施**：当且仅当其他指标同时支持订单出货比数据显示趋势时，考虑购买／抛售芯片制造商股票。

- 风险等级：中或高

- 潜在收益：$$ 或 $$$（依照投资策略优良）

# 7 铜价

## 领先指标

有一句投资警言这么说：铜是有博士学位的金属，这不是因为它金属的属性，关键的是铜价的意味重要。

宽泛来说，如果铜价相对较高并在不断攀升，就说明经济状况良好；如果相反价位走低，那说明制造业部门在受损。据圣安东尼奥美国全球投资者集团的首席投资官员弗兰克·霍姆斯说："因为铜独一无二的物理性质，使得它成为制造业经济的支柱。"霍姆斯还指出，铜价与房地产行业、基础设施投资和工业健康状况保持高度一致。

整个起效机制是这样的：当铜供给相对稳定，不会引起铜价震荡的时候，如果因为建设房屋和公司铺设电路而引起对铜的需求增加，那么铜价就会上涨。因此铜价和经济活动是紧密联系的。

从前景预期来看，这种紧密联系会在将来持续相当长的时间，因为目前铜是最经济实用的电导体之一，并且不会在短时间内被替代。（金的导电属性胜过铜，但不论怎么说金都不是经济实用的金属。而另一种良导体铝，在线路中使用会有易燃的危险。）除了在建房、铺设电路中使用，铜对于汽车制造和设计导电传热的小型家电制造业都至关重要。

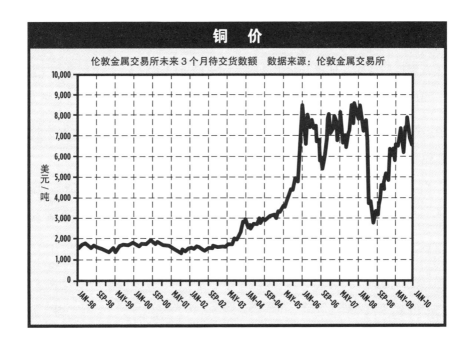

**铜　价**

伦敦金属交易所未来 3 个月待交货数额　　数据来源：伦敦金属交易所

**投资策略**

美国全球投资者集团的另一名同事、组合投资经理布莱恩·希克斯告诉我们，关注铜价可以帮助我们预测经济衰退，他进一步解释说，在21世纪初的当前阶段，铜的供给需求平衡紧张，这就意味着铜价更易受到供给需求因素的影响而变化。

观察铜价的关键是要寻找价格趋势，如果价格升至高位，是产业扩张的标志；如果价格走势处于平台期，就可能表明经济疲弱。

希克斯举了一个最近的例子，他注意到2010年年初铜价开始走低，推测是因为中国经济开始放缓。之后他根据铜价及其他数据确信了自己的怀疑，在经济还处于顶端时就抛售了所有与铜销售相关的债券。之后当经济走向印证了希克斯的推测，估价开始下跌时，他早已将股票脱手。

当价位处于3美元／磅或者6,600美元／吨时即为高位价格，低于2美元／磅或者4,400美元／吨时，价格被认为是低价，也意味着不会有人去开发新的金属供给货源。

当关注铜价时应注意，有时高位价格并不代表经济改善，有可能是地震、产业工人罢工等行为引起的。经济恢复时铜的价格就会回落，这意味着金属铜市场回到正轨，而并非经济走向衰退。

---

### 总结参谋：铜价

· **资料发布时间**：每个交易日。

· **资料来源**：《华尔街日报》记者紧跟工业金属市场状况，在出现值得关注的价格变动时整理发布消息。

如果看到自己期待的铜价价格，登录"华尔街日报在线"，找到"市场数据库"，在"商品与前景"（Commodities and Futures）目录下找到"金属"（Metals）。

其他地方也能找到铜价有关信息。伦敦金属交易所（LME）占据支配全球铜金属交易的地位，会在其网站 www.LME.co.uk 上发布信息。同样，芝加哥商品交易所集团的纽约商品交易所部门也会公布铜价。你也可以在一个商业网站 www.KitcoMetals.com 上找到金属市场信息。

不论你参考哪个铜价数据来源，要注意用来比较的数据基准要一样。LME 网站公布的是季度价格（过去三个月金属交货价格）；COMEX 的交货价格基准在不停变化，对于新手较难上手。

此外，其他信息来源还包括国际金属统计局的私人数据 www.world‐bureau.com/searchlink.htm. 投资者也可以在国际货币基金组织（IMF）的基础商品价格网站 www.imf.org/external/np/res/commod/index.asp 查看。

· **资料看点**：铜价的上涨／下跌趋势，尤其当上涨到3$ 以上或者跌破2$。

· **数据解读**：房地产和工业领域在加速发展／面临困难时期，整个经济也受之影响。

· **应对措施**：当你预期因为需求变化造成价格上涨／下跌，

而并非由供给冲击造成时，可投资 / 撤资与铜金属和房地产股票，随着经济的扩张和收缩调整证券资金组合。

- **风险等级**：高。
- **潜在收益**：$$$。

# *8* 耐用品订单

## 领先指标

通过关注企业和消费者购买高价商品，也就是所谓的耐用品消费状况，可以对经济未来状况了解更多。

对消费者而言，耐用品通常指电冰箱、冰柜、洗衣机和洗碗机等。"耐用"意味着这些物品一次购买可以使用较长时间。通常耐用品价格较高，需要消费者相信，一次性在一件物品上花费几百美金不会影响到其他预算开支。

对企业来说，耐用品通常就是资本设备，通俗地说就是一些机器，可以制造东西然后卖出去赚钱，还可以是飞机，像波音747，同样是价格昂贵的物品。

与消费者购买耐用品相同，资本设备购买同样也是企业情绪测量标准，如果企业的设备订单存在高价或者上涨，就说明企业界整体越来越自信。

"这就说明商业人士敢于将自己的钱置于风险中，"纽约安博特资产管理公司高级经济师和市场战略员弥尔顿·埃兹拉迪说，"这也是预测经济走向的良好指标。"

更具体地说，企业如果预计未来不会有足够的客户购买新进机器制造的商品，就不会花高额价钱购进新设备。

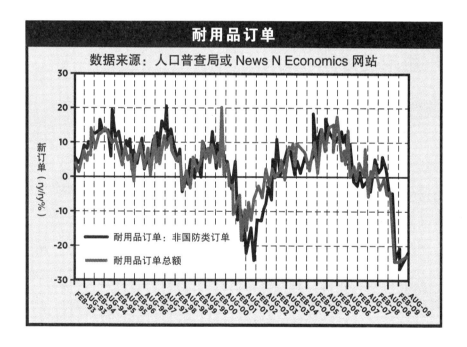

### 投资策略

整体耐用品订单指标也包括战舰和喷气式飞机等国防产品，这些产品的购买销售是由政府决定，并且与经济走向无关，至少说是与自由市场的经济部门无关。

幸好这些国防部门的购买数据很容易剔除，也可移除飞机订单的影响，因为这些订单数额巨大，并且变化无常，会极大影响你解读数据。

埃兹拉迪提示说："即便排除飞机订单，每月的数据依旧会波动很大。"因此他建议我们使用三个月或者五个月的移动平均数，再与上个月数据比较，继而判断趋势是否被打破。

但总体来说，强势的耐用品订单是股市看涨的标志。"它是这个经济的支撑。"埃兹拉迪说。

深入来看这个问题，埃兹拉迪提到他高度关注资本设备购买数据，这些表明企业在做什么的度量标准，远比企业所声称了什么重要。这项指标不同于其他指标的地方就在于，它直接深入地透析了企业的心理。埃兹拉迪表示如果他经过数据分析确信经济在复苏，就会尝试去投资合适的股票。

"如果耐用品各个组成部分都显示消费强势，就能代表整个经济趋势。"这种情况下，考虑跟随综合股价指数（例如标准普尔500）的投资，或者主要关注耐用品制造商，例如通用电力集团这样的工业集团巨头。

埃兹拉迪还补充到，在这种时候，也依旧要分析股价，即便经济看好，投资价格虚高的股票依旧是不明智的。

### 总结参谋：耐用品订单

· **资料发布时间**：每月26号左右，美国东部时间上午8：30发布上月数据。

· **资料来源**：《华尔街日报》记者紧跟耐用品市场状况，在人口普查局发布数据后，《华尔街日报》记者会在其网站 WSJ.com 上整理发布即时新闻。

如果新闻信息正是你所需要的消息，登录"华尔街日报在线"，在 www.WSJMarkets.com 上找 Market Data Center（市场数据库），Calendars&Economy（财经日历）下拉目录中点开 U.S. Economic Events（美国经济事项），找到 Durable Goods Orders（耐用品订单）。

你也可以直接在消息源——美国人口普查局网站 www.census. gov/manufacturing/m3/. 上查看，历史数据记录可在 www.census. gov/manufacturing/m3/historical_data/index.html 查看。

或者，你还可以在 Briefing.com 的财经日历上免费的"投资人"板块找到简化易读的数据整理。

· **资料看点**：耐用品订单3~5个月内的增加／减少趋势，注意排除国防和飞机购买项目。

· **数据解读**：经济在接下来的阶段可能看涨／收缩。

· **应对措施**：做多／做空标准普尔500指数此类的一揽子配置

好的股票，更具奉献精神的投资者可以选择购买／卖出具体的耐用品生产商股票，例如通用电气（GE）。

- **风险等级**：中或高，根据投资者策略而定。
- **潜在收益**：$$，购买股票为 $$$。

# **9** 建房许可和住房开工率

## 领先指标

（参考铜价和新房销售指标）

购房对大多数人来说都是昂贵的，而对于其他一些人则只算得上是一笔大数目开支。在美国拥有自己的家通常就是人们的梦，这个事实的重点就是"梦"，因为对于太多人买房都像梦一样不现实。

住宅是一种特殊的耐用消费品，因为通常建成后能使用很多年，并且建造房屋从头至尾也要至少花上一年的时间。

所申请到的建筑许可的数量和住房开工的数量这两项指标，能够预示经济在近期和中期的信心指数，除非建筑商确信人们会有信心购买房屋，不然他们不会费尽周折建造新房。要记住，大多数贷款买房的人对未来较为乐观，相信自己在很长一段时间内都会有稳定的工作和收入。

在经济陷入深度衰退时期，贷款利率下降，也就意味着买房每月还贷数额低于租房金额，这就是一个循环的开始：低利率诱导人们买房，建筑商提早做出预期，开始建造住宅。

建筑开工数量和建筑许可公示数目的增加，清晰地表明随着建造商购买木材、砖块、水泥、屋面材料、管道等建材，一股经济投资增长即将开始。总之，住宅商业可以带动很多产业发展。

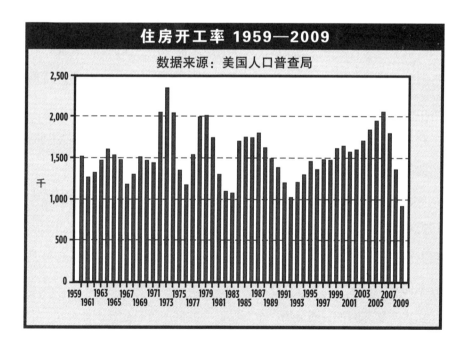

这个循环反过来也是一样的，在经济扩张时代，随着经济健康的恢

复，贷款成本也升高，会不断减缓新房建造产业发展，也就减缓了经济发展步调。

## 投资策略

通常在经济状况好转之前，发放的建筑许可数量和住房开工率就开始增加；这个行业的持续紧缩也在经济放缓或衰退之前到来。这两项指标总是在整体经济之前发出先兆，因此住宅建设被认为是一项领先指标。

（注：虽然住宅建造通常在经济循环的最前线领先复苏，但在2009年的经济扩张中却没有发生，那是由于经济衰退之前房产泡沫的特殊性质。我们这里解释的是正常情况下的发展，希望本书中的知识能够为大多数经济循环提供正确解读，而并非专注于解释最近某些循环的具体情况。）

利用房产市场的起伏，有很多获利途径，但我们首先要做的就是判断建筑产业部门到底在改善还是在衰退。

"不能孤立地解读一个月的数据，而应找出数据趋势。"纽约蓝色大理石研究投资战略公司首席投资策略师文尼·卡塔拉诺说。他建议投资者至少将几个月的数据放在一起分析，在决定投资方向前，确保数据趋势是真实存在的。

在房产复苏时期，明显第一个开始回升的部门就是建筑产业公司，卡塔拉诺指出 SPDR 标准普尔住宅建筑（XHB）交易所交易基金是一个可以首先考虑的投资。所谓的 XHB 值是由一篮子建筑公司股票决定的，随着建筑部门的良好进展，股票也会随之上涨。一篮子股票的投资方案对于大多数人都是有用的，因为只要你选对了部门，就能避免选错个支股票的风险。

卡塔拉诺提醒我们，股票价格也可能受到其他因素影响，例如银行利率和整体经济气候。"住宅建筑股票的价格可能在数据表现出复苏迹象之前就已经开始上涨。"除了住宅建筑行业股票以外，卡塔拉诺认为其他部门也可以考虑，例如提供建筑框架材料的木材公司，或者提供建筑埋线金属铜丝的矿业公司。

---

### 总结参谋：建房许可和住房开工率

· **资料发布时间**：每月16号左右，美国东部时间上午8：30发布上月数据。

· **资料来源**：《华尔街日报》编辑和作者紧跟住宅建筑市场状况，在建筑许可和住房开工率新闻发布后，《华尔街日报》记者会在其网站 WSJ.com 上整理发布即时新闻。

如果新闻信息正是你所需要的消息，登录"华尔街日报在线"，在 www.WSJMarkets.com 上找 Market Data Center（市场数据库），Calendars & Economy（财经日历）下拉目录中点开 U.S. Economic Events（美国经济事项），找到 Housing Starts（住房开工率）。

要查看建筑许可情况，到数据来源美国人口普查局网站查看，www.census.gov/const/www/newresconstindex.html. 他们同样负责美国人口数量普查。

 • **资料看点**：建筑许可的增长和减少。

 • **数据解读**：经济在接下来的阶段可能看涨 / 收缩。

 • **应对措施**：做多 / 做空住宅建筑公司股票，或者像 SPDR
住宅建筑（XHB）这样的交易所交易基金。

 • **风险等级**：基金风险为中，购买个别股票风险为高。

 • **潜在收益**：$$，或者 $$$。

# 10 工业产值和产能利用率

## 同步指标，领先指标

总有一些政治家或者喜欢煽动民众消极情绪的人在叹息今天的工业经济，让人们以为各种产品的制造商都奄奄一息。其实并不然，当前工业总产值为1.7万亿，仍占国内生产总值的10%以上，依旧是经济重大而关键的组成部分。

这就是为什么精明的投资者和头脑灵活的经济师总是密切关注制造业部门的健康状况，他们主要关注两个紧密相关的经济指标：工业产值和产能利用率，我们这里也把它们放在一起讲解。

工业产值（IP）显示了每月经济活动中制造了多少实物，其包括了从处方药、电话听筒、电视机到金条、钢筋、木板等各行各业的产品。它通常是一项同步指标，既不会领先也不会滞后于整体经济状况。

但与此相反，产能利用率是实际工业产值和最大工业产值之比，也就是在所有工厂每台机器都分秒不停加紧运转的情况下，能产出的最大产值，因此产能利用率是一个最大值为100%的百分数，这项指数在衡量工业经济的当前状况时十分有效：数值越高，就表明当前产业经济状况越健康。产能利用率的升高对于商业是好的征兆，也意味着公司很少让设备和其他资产闲置。

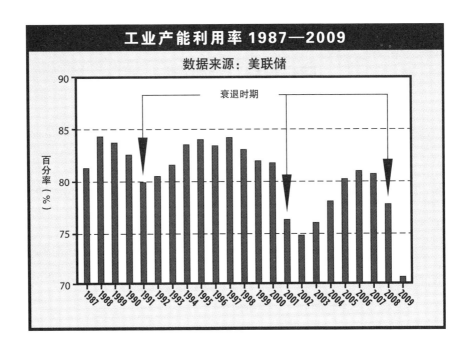

## 投资策略

我们很容易就能看出产能利用率和工业产值如何随着经济状况的好坏而涨跌。在1990—1991年、2001年和2008—2009年的经济衰退期，可以看到产能利用率与其相对应的跌幅。可以明显看到，产能利用率在经济衰退结束一个月后，才开始回升。下表显示的是月度数据，阴影部分表示经济衰退期。

| YEAR | JAN. | FEB. | MARCH | APR. | MAY | JUNE | JULY | AUG. | SEPT. | OCT. | NOV. | DEC. |
|------|------|------|-------|------|-----|------|------|------|-------|------|------|------|
| 2000 | 82.3 | 82.4 | 82.4 | 82.6 | 82.5 | 82.3 | 81.8 | 81.4 | 81.5 | 80.9 | 80.7 | 80.1 |
| 2001 | 79.3 | 78.6 | 78.1 | 77.7 | 76.9 | 76.2 | 75.7 | 75.2 | 74.7 | 74.1 | 73.6 | 73.5 |
| 2002 | 73.7 | 73.6 | 74.1 | 74.2 | 74.5 | 75.2 | 74.9 | 75.0 | 75.0 | 74.9 | 75.2 | 74.9 |

产能利用率在预测未来走向时主要起两个作用：第一，数值高的产能利用率暗示未来可能的商业投资、员工任用和资本设备订单（用来制造更多产品）。经济愈趋向最大产能利用率，商业主管发现自己愈难驾驭手头资源。

"于是公司就会通过雇佣员工或者购买更多更先进的设备来填补这个差距。"费城 PNC 财富管理公司首席投资策略师比尔·斯通说道。

在这种经济环境下，工业机器的供货商就会经营顺利。"想想那些提供资本设备的公司。"斯通所指的就是康明斯公司（CMI）、艾波比集团有限公司（ABB）、福陆公司（FLR）以及它们的竞争对手公司。斯通提醒我们注意，此行业在收益和股票上倾向于出现周期性波动，因此对投资者来说，投资时间至关重要。

除了考虑个别公司之外，投资者也可以考虑包含一篮子此行业股票的交易所交易基金，例如前锋工业指数基金（VIS），虽然不是严格意义上对应机器供货行业，但也是广义上的相关基金。

斯通接着解释了这项信息的第二种预测功能："当产能利用率接近上限值的时候，你需要担心成本压力，也就是原料价格的上升。"虽然理论上说，产能利用率可以达到100%，但事实上这项数据最多达到80%多，在20世纪70年代时，当产能利用率接近90%之后，成本压力就会随之扑来。

为何如此？斯通认为，当企业在越来越接近全负荷运行的时候，他们就认为自己理所应当可以向客户提高商品价格，当所有企业都接二连三加价时，整个行业就会面临成本压力。

"就此，你应当选择那些会获益于原材料价格上涨的公司，不应考虑会因成本上涨而利益受损的公司。"PNC的斯通这样说道。这种情况下有两种投资是不错的选择，一个是先锋原料指数基金（VAW），另一个是安硕标普北美自然资源基金（IGE），两者都是与自然资源和商品相关的一篮子基础股票挂钩。

---

## 总结参谋：工业产值和产能利用率

·**资料发布时间**：每月15号左右，美国东部时间上午9：30发布上月数据。

·**资料来源**：《华尔街日报》编辑和作者密切跟踪工业产值状况，在工业产值和产能利用率相关新闻发布后，《华尔街日报》记者会在其网站 WSJ.com 上整理发布即时新闻。

如果新闻信息正是你所需要的消息，登录"华尔街日报在线"，在 www.WSJMarkets.com 上找 Market Data Center（市场数据库），Calendars&Economy（财经日历）下拉目录中点开 U.S. Economic Events（美国经济事项），找到 Industrial Production（工业生产）。

此外，你也可以在联邦储蓄网站上找到工业产值和产能利用率的相关信息，在 www.federalreserve.gov/releases/g17/current 上可以查看最新数据，可在 www.federalreserve.gov/releases/g17/current/table11.htm 上查看历史数据。

·**资料看点**：产能利用率的上升与下降。

·**数据解读**：商业投资在接下来的阶段可能看涨 / 收缩，经济状况紧随其后。

·**应对措施**：做多 / 做空买空资本设备供应商，例如福陆（FLR）及其他类似的基金。

- **风险等级**：中或高。

- **潜在收益**：$$，或者$$$。

# 11 供应管理协会制造业调查

## 领先指标

（另参阅费城联储商业景气调查及工业产值和产能利用率）

制造业虽然不再如以往占经济比重那么大，但其重要性依旧不可忽视，投资界每月都会密切关注一项重要调查：供应管理协会制造业调查。它从全美国制造业公司采购经理人的角度评估经济制造业部门的健康状况。

对于任何制造商，采购经理人都至关重要，因为如果没有采购经理人做好工作，企业根本没有原材料用以制造成品或半成品。采购经理们主要负责预测其机构所需原材料，继而作出决策，决定要从其他公司购买什么、购买多少。

例如，福特汽车公司的采购经理人需要购买钢材、油漆、挡风玻璃、轮胎等很多配件，用以制造汽车。他们采购的数量要足以制造出公司认为接下来数月可以销售掉的汽车数量。因此，采购经理们对于他们公司商业状况的评估很大程度上揭示了整个经济状况。

供应管理协会对20种重点工业的400多家公司的新订单、生产、雇佣、供应情况、仓储、原材料价格、拖欠订单、进口和出口状况进行调查。根据新订单、生产、雇佣、供应情况和仓储情况，要制订出其主要数据——采购经理人指数（Purchasing Managers Index，PMI）。

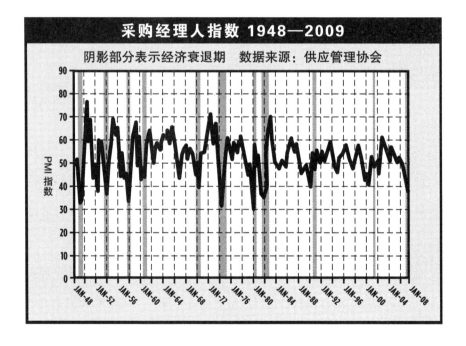

摩根斯坦利投资银行纽约部的战略师索菲亚·卓瑟斯表示，投资者需要关注这项数据处于扩大还是萎缩区域，大于50的数字表示本部门处于扩大趋

势，低于50则表明处于萎缩态势。

有一点值得注意的是，供应管理协会（Institute for Supply Management，ISM）曾经叫做美国采购经理国家协会（National Association of Purchasing Managers，NAPM），所以当你在旧报纸上看到有关NAPM的报道，应该知道其所指的就是ISM。

## 投资策略

当你参考ISM指数的时候，不仅仅要看标题数据，更要深入分析，虽然标题数据至关重要，但具体数据更能预示经济走势。

"你可以将新订单数据作为预测未来经济活动的领先指标。"卓瑟斯说，换言之，如果新订单指数很高，甚至高于50，那么未来经济活动很可能状况良好。

她同样指出，"雇佣指数"也是制造业就业市场健康状况的良好计量器，同样，如果数据超过50则表示工厂雇佣在上涨。

"当这些数据（标题数据、新订单指数和雇佣指数）同时处于扩张态势，那么与此一致的将是制造业的涨势。"卓瑟斯补充道。她表示，在这样的投资环境中高风险资产最易受影响，也就是说此类投资对于经济良好状况极为敏感，具体而言，制造部门的健康扩张态势通常意味着股票价格上涨，债券情况下跌。

## 总结参谋：供应管理协会制造业调查

· **资料发布时间**：每月第一个商业日，美国东部时间上午10点在其网站上发布数据。

· **资料来源**：《华尔街日报》的编辑和作者密切跟踪 ISM 数据，在其数据及产能利用率相关新闻发布后，《华尔街日报》记者会在其网站 WSJ.com 上整理发布即时新闻。

如果新闻信息正是你所需要的消息，登录"华尔街日报在线"，在 www.WSJMarkets.com 上找 Market Data Center（市场数据库），Calendars&Economy（财经日历）下拉目录中点开 U.S. Economic Events（美国经济事项），找到 ISM Mfg Index（供应管理协会制造业）。

你也可以到资料来源供应管理协会网站 www.ism.ws 上找到相关信息，其网站数据免费向公众开放。此外，www.briefing.com 网站也同时会发布一个数据总结，虽然其网站大多数只对注册用户开放，但"投资者"板块数据可免费查阅，对大多数人来说已经够用。

· **资料看点**：采购经理指数、订单指数和雇佣指数在50以上。

· **数据解读**：制造业部门在发展上涨，经济状况紧随其后。

· **应对措施**：可选择一些高贝塔值指数的有价证券，特别是与制造业密切相关的股票。

- **风险等级**：高。

- **潜在收益**：$$$。

# 12 供应管理协会非制造业调查

## 领先指标

（另参阅供应管理协会制造业调查）

有很多商业部门实际上什么也不制造，这听起来很奇怪，却是事实。例如零售商，他们卖给你食物，但并不种植粮食；房产经纪人帮你购买房产，但他们并不建造房屋；加油站给你提供汽油，但他们并不做原油提炼。

纽约的保险巨头瑞士再保公司美国部首席经济师科特·卡尔解释道，银行、零售、批发、房产经纪商都是提供服务，他们对于经济师和投资者来说分量很重，因为不论从就业还是 GDP 来看，这些都构成了私有经济的70%。

这就是为什么供应管理协会的每月非制造业调查（有时也被称为 ISM 服务业指数）如此重要。"它代表从采购经理人的角度，评估服务业的情况。"

卡尔说。

ISM 服务业指数跟它的姐妹指数 ISM 制造业调查指数一样，很容易看懂，其标题数据是一个单一数字，通常也叫做"商业活动指数"。

"数据超过50代表服务行业在增长。"卡尔说道，那与之相对，低于50则代表经济的非制造业部门在放缓或衰退。

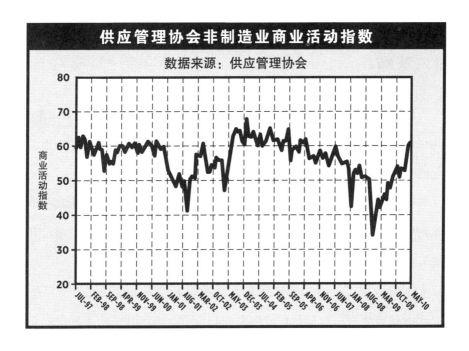

"但单纯看数据高于或低于50并不够，我们并没有足够的历史数据来判断这个数据是否准确反映经济状况。"卡尔补充道，ISM 服务数据从20世纪90年代后期才开始有，而不像制造业数据能一直追溯到20世纪30年代。缺乏历史数据支持是服务业指数的一个潜在弱点，但这项指数每月月底都能迅速出台，因此很多经济师选择忽视它的潜在弱点。

卡尔也指出一个问题，就是服务行业的采购经理人指数重要性远远不及其在制造业中的重要性，例如，一家银行所需要的纸张并不能反映公司的健康状况，但钢铁制造厂采购煤矿和铁矿的订单却能大大说明企业的运营状况。

## 投资策略

卡尔表示他很看重新订单数据，因为它比标题数据更能反映未来走向。换句话说，新订单数据比 ISM 服务业标题数据能揭示更多有关服务业未来状况的信息。

同样，出口订单也是未来经济活动的重要指标，如果新订单指数和出口订单指数至少有一项持续在50以上，你就能初步肯定即便服务业目前没有处于增长态势，但在未来将会走高。

卡尔警告我们，因为 ISM 服务业数据相对较新，很可能上下幅度很大，因此他更愿意将数据制作成图表细心打量，寻找其中的水平线，而不是上下走幅。他认为，只要数据一直保持在50以上，上下的浮动并不代表有问题。

## 总结参谋：供应管理协会非制造业调查

·**资料发布时间**：每月第三个商业日，美国东部时间上午10点发布。

·**资料来源**：《华尔街日报》的编辑和作者密切跟踪 ISM 服务业数据，在其相关新闻发布后，《华尔街日报》记者会在其网站 WSJ.com 上整理发布即时新闻。

如果新闻信息正是你所需要的消息，登录"华尔街日报在线"，在 www.WSJMarkets.com 上找 Market Data Center（市场数据库），Calendars&Economy（财经日历）下拉目录中点开 U.S. Economic Events（美国经济事项），找到 ISM Non - Mfg Index（供应管理协会非制造业）。

你也可以到资料来源供应管理协会网站 www.ism.ws 上找到相关信息，其网站数据免费向公众开放。此外，你也可参考网站 www.briefing.com，查询历史信息。

·**资料看点**：新订单数据的涨跌情况，和标题数据是否高于或低于推定的平衡数据水平50。

·**数据解读**：服务业在发展上涨，经济状况紧随其后。

·**应对措施**：这时应购买/卖出股票类等风险较高资产，转而卖出/购买政府债券类的历史长、不受经济衰退影响的备用投资选择。

- **风险等级**：低。

- **潜在收益**：$。

# 13 美国经济周期研究所 JoC 工业价格指数

## 领先指标

（另参阅铜价指数）

有时为了读懂经济，你需要不怕麻烦、不畏艰辛，具体来说，就是调查多如繁星般的工业商品。或许这些工作不需要我们亲自上阵，因为早已经有人做好了这些麻烦活，即美国经济周期研究所（ECRI）编译的商业日报工业价格指数，通常称为"JoC - ECRI 工业价格指数"。

虽然听名字很含糊，但根据 JoC - ECRI 工业价格指数做出的工业经济浮动数据可并不含糊，虽然工业经济不如服务业所占比例那么大，但它更具有周期性，这对于经济预测师是好事，因为这表明，本部门的变动更容易被预测师、经济学家和投资者识别。

JoC - ECRI 工业价格指数测量的是所有经济生产所需工业产品的价格，当工业企业扩大原料购买时，价格上涨，工业产品生产扩张；当企业缩减购买时，价格下跌，代表工业生产的放缓甚至萎缩。这种表现的结果就是，工业产品价格成为整个经济状况的领先指标。

这项指数包括能源价格、基础金属价格（例如铜、锡、钢、镍和铝）、纺织品和其他杂项工业产品（包括动物油脂、橡胶、胶合板）。

看起来其包括的成分很杂乱无章，实际上这每项指标并非随机选取。在20世纪80年代早期，纽约经济周期研究所的工作人员整日研究在商业循环中各经济部门的变化，他们决定要尽全力把所有对经济循环十分敏感的工业产品价格涵盖在数据中。

因此，JoC - ECRI 指数排除了农业产品，因为农产品易受天气和稀有金属价格影响，而稀有金属价格很大程度上由经济投机行为决定，并非由工业使用情况决定。ECRI 的常务理事阿楚森这样跟我们解释道。

最重要的是，ECRI 还作了一项重要决定，所选的商品只有一半是在期货交易所交易，例如铜。

对于原因阿楚森解释说："通常这没有多大影响，但在特定的时候，某些产品会成为投资热门，几乎所有人都争先恐后参与，这会使得价格出现爆炸性变动。"

如果指数所包含的仅仅是期货交易所交易的产品，那么在投机热导致价格上涨时，人们会错误地认为经济繁荣期即将到来。半数的指数所选商品是非期货交易产品，能够帮助避免这种指数误读。

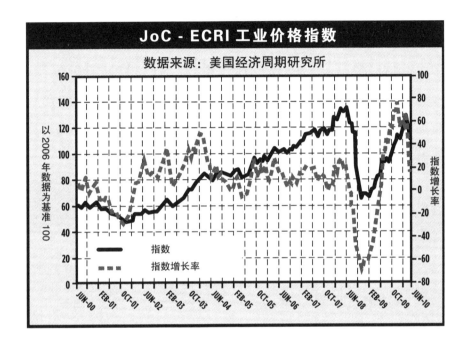

**JoC - ECRI 工业价格指数**

数据来源：美国经济周期研究所

以 2006 年数据为基准 100

指数增长率

—— 指数
---- 指数增长率

## 投资策略

ECRI 的阿楚森表示他个人非常喜欢参考这项指标，因为它实在地反映了经济的变动情况，技巧就在于画出指数走势图，就能从中预示出一场经济变动在所难免。

例如，当经济从大萧条中恢复时，JoC - ECRI 工业价格指数会上涨 50%~60%，这样的大幅变动能够让你"在舆论持相反态度的时候，仍确信自己的判断"，他说道。

要想判断经济从繁荣开始走低或者从萧条状态开始回弹，需要的不仅仅是画一张走势图，更重要的是你要懂 ECRI 的分析理念，那就是要确保指数的变化是显著的、持续的、大面积的（不仅仅在指数的一部分出现）。如果指数的变动符合这三条，那么才能有信心说它预示了一次经济转折点。

对于投资者有利的一点就是，这些工业材料的股票也会像相关产品一样大幅振动，举例说，化工产品制造商杜邦公司（DD）的股票价格振幅，要比必需消费品生产商宝洁公司（PG）的股票价格振幅大得多。

### 总结参谋：美国经济周期研究所 JoC 工业价格指数

- **资料发布时间**：*每周发布。*

- **资料来源**：*美国经济周期研究所会向其付费会员及时更新 JoC - ECRI 工业价格指数信息。你也可以每周在《巴伦周刊》查看这项指数，也同样需要你付一定费用，如果你希望得到及时数据更新的话，这些都可以供你选择。*

  *但如果你不愿出那么多钱，但愿意自己多花些时间的话，那可以在各大媒体上搜罗信息，阿楚森表示经济循环研究院70%的信息都可以在媒体上获取，www. Businesscycle.com/news/press 网站上也会整理相关媒体报道。*

- **资料看点**：*指数是否出现了显著的、持续的、大面积的变动。*

- **数据解读**：*整体经济状况即将上升或变得糟糕。*

- **应对措施**：买进 / 卖空工业股票。

- **风险等级**：高。

- **潜在收益**：$$$。

# 14 伦敦金属交易所库存指数

## 领先指标

（另参阅铜价指数和 ISM 制造业景气指数）

聪明的投资者将铜价作为经济健康状况的判断指标，这是很好的方法，值得推荐。但如果你还能够进一步预测铜价和其他金属价格，是不是更厉害？

精明的投资者通过考察还未销售出库的货存量来判断经济健康状况，也就是说，全球有多少吨铜或者铝还处在库存状态？这跟我们的直觉相反，但十分重要。

通常，库存水平跟价格成反比，当库存少的时候，价格处于高位或者上涨，反之亦然。

问题的关键是，很难对全球金属库存作一个真实的把握。例如，我们如何知道纽约布鲁克林区的电线制造商到底存了多少吨的铜？或许单个儿看这些数据都微不足道，但当所有这些参与者的数据加起来，整体的重要性就凸现出来了。

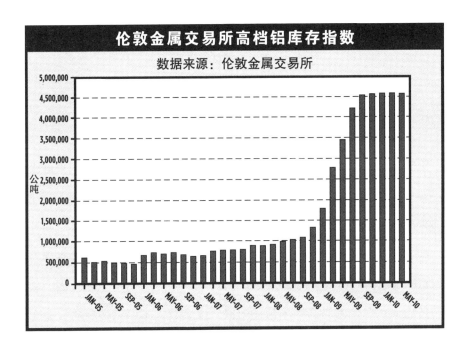

但很难做到收集所有的相关一手数据来作分析，解决这个问题的一个办法就是从伦敦金属交易所（London Metal Exchange，LME）寻找线索。伦敦金属交易所是掌管全球工业金属（例如铜、铝、锌、铅、锡和镍）期货合约交易的期货商品机构。每个商业日，其交易所都会公布各类金属的仓库货存量。

这并不是全球所有金属库存的总数据，但这项数据透明且及时，在我们看来，是观测经济的良好指标。

需要谨慎的地方是，极低的银行利率可能扰乱正常情况下库存和价格的反比关系，当贷款利率处于非正常低位水平，就像在2008年和2009年的经济危机时期，投机者有时会抢购商品作为投资，结果就是，库存虽然处于高位，但价格也居高不下，正是因为投机者囤积的金属材料无法成为生产商的制造原料。

## 投资策略

伦敦金属交易所库存规模很大程度预示着金属及矿业行业的未来健康状况。如果库存处于高位，就是行业放缓的征兆，采矿行业跟矿产提炼行业都会缩减产量。相反，如果库存较少，采矿业跟提炼行业产量都会有所回升。

有一个小窍门：大多数商品，包括金属在内，数据都比较晦涩难懂，但这也意味着那些既精明又肯费功夫深究数据的投资者能挣一大笔。因为数据对于所有人一开始都是含混不清的时候，大多数人不愿意多费功夫去看明白，但如果你愿意的话，就能抢占先机。

伦敦黄金矿业服务公司咨询机构常务董事尼尔·巴克斯顿说，他将伦敦金属交易所库存水平作为"市场均衡的指标"，简单说，就是要看市场是否有大量充足的库存金属供应，还是库存处于低位导致供给不足。

不论如何，除了伦敦金属交易所库存指数，还应参考芝加哥商业交易所集团下的纽约商品交易所数据和上海期货交易所数据，它们的数据与 LME

指数相似，三者一起可以给我们提供更全面的市场均衡宏观全景图。通过不辞辛苦做一些这样的额外工作挖掘数据，聪明的投资者就可以将模糊的金属市场状况看得更透彻。

更重要的是，精明的投资者同样需要考察反映未来市场需求的指数，巴克斯顿指出，他特别关注一些跟采购经理相关指数，也称为 PMI 指数，例如本书之前介绍的供应管理协会（ISM）制造业调查。这些 PMI 指数能够告诉我们制造业未来的可预计行为，如果在采购经理看来，经济状况良好，那很可能说明对金属的需求将扩大。

此外，中国的经济健康状况是决定金属价格的重要因素，巴克斯顿表示，工业金属中一些金属全球需求总量，只中国就能占到30%~40%，因此中国的交易数据往往会影响到金属价格。

"当考察这些市场的时候，一些基本的原理依旧十分重要，并始终贯穿其中。"巴克斯顿最后提醒道。

---

### 总结参谋：伦敦金属交易所库存指数

· **资料发布时间**：每个商业日发布。

· **资料来源**：伦敦金属交易所在其网站 www.lme.co.uk 上提供金属价格、库存及其他市场信息数据，一些可免费查阅，一些需要付费查看。纽约商品交易所和纽约商业交易所现在都隶属于芝加哥商业交易所集团，其信息可在网站 www.cmegroup.com 上查看。上海期货交易所也在其网站 www.shfe.com.cn 上发布每周库存水平数据。

·**资料看点**：各类金属的库存水平涨跌情况。另外，查看中国工业金属需求量涨跌情况，和工业化经济制造业部门的相关健康状况（参考各类采购经理指数）。

·**数据解读**：通常低库存水平意味着制造业部门增产，高库存水平代表制造业部门生产放缓、停滞（要排除银行利率处于非正常低位水平的情况）。

·**应对措施**：当库存水平较高时，不考虑易受制造业经济影响的股票；当库存水平低时，买入工业类股票。

·**风险等级**：高。

·**潜在收益**：$$$。

# 15 个人储蓄率

## 同步指标

对于大多数美国人来说，存钱是很无趣的事情，如果可以现在就买回头再付钱，干嘛还要费功夫存钱？但不管怎么说，存款可以推动经济长久加速增长，不是吗？

我们几乎可以这么说。多伦多道明银行金融财团的代理首席经济师德里克·博尔顿解释说："现在的存款有助于未来的长期经济增长。"

简而言之，在一个经济体中，越多的存款，代表越多的投资。人们的储蓄总会有用武之地，储蓄账户上的资金最后都成为贷款和债券，来帮助建造新的工厂，给老的工厂更换设备。

出于这项原因，储蓄状况对于经济师来说很重要，但储蓄数据又很难统计，因为没有人跟踪总结所谓的个人储蓄率。统计学家通过逆向思维，用美国人民的总体收入额减去总体消费额，得出相关数据。他们推断，如果你赚得的收入并未用去消费，那么这笔钱必然是在储蓄账户中。

同样值得了解的是，一个国家的高储蓄率能够拯救深陷债务危机的政府。如果一个政府深陷债务危机，那么首要考虑的问题就是：政府债务从哪里来？如果政府的债务是来自本国国民储蓄资金的话，那问题就能迎刃而解。

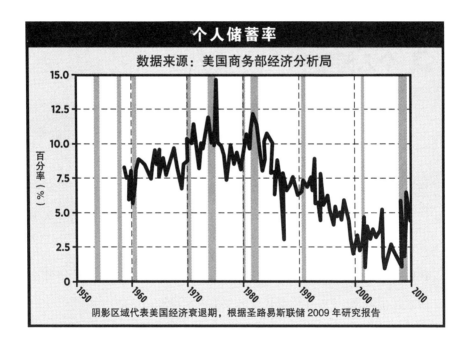

本书的成书时期，日本政府正处于严重的债务危机之中，外债额高达本国 GDP 总额的200%，按这个比例来说，其债务水平是美国政府的两倍。但事实却是，日本政府并没有像美国政府对此那么头疼，因为日本作为一个储

蓄大国，政府大多债务来自本国人民，但美国却强烈依赖于外债，因为美国人都不太喜欢存钱。因此，日本政府并不需要担心哪天外国政府突然不再同意借给它外债，但美国政府就需要一直准备好防范措施。

## 投资策略

分析个人储蓄率的难点在于，这项指数非常不稳定，这是由其统计方式造成的。博尔顿解释说，收入和支出数据都只是评估概算，并且数字都很大，在评估概算的时候很容易出现大的误差，从中得出的储蓄数据因此也不稳定。

"所以我们不要太深究储蓄率水平的具体数字，要更多关注走势。"博尔顿说。换句话说，他关注的是储蓄率在走高还是走低，而并不是看储蓄率是3%还是1.5%。

他认为，投资者可以利用储蓄率的趋势来评估消费者心理状况，如果趋势表明更多的人选择储蓄，则表明消费者处于不安状态。如果储蓄率趋势表明人们的储蓄减少，则是消费者消费信心指数上升的良好征兆。

---

### 总结参谋：个人储蓄率

· **资料发布时间**：每月月度报告结束四周之后，美国东部时间上午8：30，美国商务部发布"个人收入及支出状况"报告。

· **资料来源**：《华尔街日报》的编辑和作者密切跟踪计算储蓄率所需的收入及支出数据状况，在其相关数据发布后，《华尔街日报》记者会在其网站 WSJ.com 上整理发布即时新闻。

如果新闻信息正是你所需要的消息，登录"华尔街日报在线"，在 www.WSJMarkets.com 上找 Market Data Center（市场数据库），你可以查看到有关个人收入支出数据的总结，在 Calendars&Economy（财经日历）下拉目录中点开 U.S. Economic Events（美国经济事项），找到 Personal Income and Outlays（个人收入及支出）。

如果想同时查看收入支出数据和由此得出的储蓄率数据，你可以到美国经济分析局网站 www.bea.gov/national/index.htm#personal 查看。若想查阅历史数据记录，请登录圣路易斯联邦储蓄经济数据库查看。

· **资料看点**：储蓄率的涨跌情况。

· **数据解读**：消费者可能处于不安状态 / 充满消费信心。

· **应对措施**：如果储蓄率上升，很可能表明经济体的消费部分衰弱，因此要回避消费驱动公司的股票。

· **风险等级**：中。

· **潜在收益**：$$。

# *16* 单位劳动成本

## 同步指标

（另参阅供应管理协会制造业调查和费城联储商业景气调查）

一些劳动者懒惰无效率，另一些则勤劳有成果，任何工作过的人都应该有体会。虽然一个一个去了解评估每个人的具体情况很难，但我们可以通过"单位劳动成本"这项数据评估劳动者整体效率问题。

这项指标评估每单位工业产量所需劳动力成本，最好的理解就是：要制造一个配件需要多少劳动成本。

归根结底，厂商都希望能够降低单位劳动成本，这就表明企业的效率更高，单位劳动成本简言之也就是——测量效率和生产力。

"好的设备意味着高生产力，也就表明单位劳动成本低，"美国杜克大学富科商学院金融学教授坎贝尔·哈维说："但生产力并不是每季度都有变化，它的运行活动方式通常是长期的。"如果在一段时期，例如三年内单位劳动成本发生了显著变化，那么有可能归咎于生产力的提高。

20世纪70年代和80年代早期的境况是企业最不想看到的（如下面图表所示），单位劳动力成本激增，有时候一年涨幅超过10%，这是由于工资通胀造成的。

如果这项指标听起来很复杂，不必担心，有政府机构劳动统计局对此进行统计，根据实际增值产出计算雇工劳动力成本（包括工资和奖金）。如

果工人生产了更多的价值，而工资保持不变，就说明单位劳动成本下降，企业从中获益。

## 投资策略

读懂单位劳动成本数据的诀窍在于，不单是为了看清劳动力效率是否在增加或减少，因为这是显而易见的事情。而更应关注的是这将对更广泛的经济有什么影响。哈维告诉我们，如果你处于经济循环的不同阶段，那么劳动成本的相同状况可能意味着完全相反的事情。也许你不禁感慨真阴险啊！正因为如此，你需要同时参考其他指标，例如本书中介绍的这些，然后先判断出你处于经济循环的什么位置。

如果你处于经济衰退期，单位劳动成本在上升，那是好的征兆。原因就是：这可能说明劳动者领取的工资增高，最终也会导致商品和服务的消费需求增加。所以在这种情况下，投资者可以把上升的单位劳动成本看做经济回升的积极标志。但在经济衰退期，单位劳动成本如果减少，则意味着有可能出现经济紧缩，下一轮的经济衰退可能到来。

与此相反，在经济繁荣期，单位劳动成本上升则不是一件好事。原因在于，这可能是通货膨胀的标志。特别当制造产品所需单位劳动成本上涨，但原材料成本不变的时候，企业必须靠提高价格来保障利润水平。但经济繁荣时期，如果因为劳动者提高生产率而导致单位劳动成本降低，则是经济看涨的标志。哈维建议我们要始终参考本书中的其他指标。

如果判断经济处于繁荣期，并且单位劳动成本下降，那么投资者应该考虑购买紧随经济步调的资产，例如股票，特别是制造业公司的股票。

如果投资者不愿意购买单个股票，那么可以选择一篮子工业股票的投资基金，例如史丹普工业期货交易基金（XLI）。

## 总结参谋：单位劳动成本

· **资料发布时间**：在 2 月、5 月、8 月和 11 月月初，美国东部时间 8 : 30 会发布上一季度数据，一个月后会再次发布修正后的数据。

· **资料来源**：《华尔街日报》的编辑和作者密切跟踪劳动力成本走势，在其相关数据发布后，《华尔街日报》记者会在其网站 WSJ.com 上整理发布即时新闻。

如果新闻信息正是你所需要的消息，登录"华尔街日报在线"，在 www.WSJMarkets.com 上找 Market Data Center（市场数据库），你可以查看到有关个人收入支出相关数据总结，在 Calendars & Economy（财经日历）下拉目录中点开 U.S. Economic Events（美国经济事项），找到 Productivity and Costs（生产率与生产力成本）。

如果想查看第一手数据，可以到美国劳动统计局网站 www.bls.gov/bls/newsrels.htm 上查找"生产率与生产力成本"的新发布新闻。

· **资料看点**：单位劳动生产力的变化。

· **数据解读**：所有的解读要取决于当前所处经济循环的位置。经济衰退期劳动成本上升，可能意味着经济复苏或者新的一场通货膨胀。单位劳动成本增长可能意味着高生产率或者新一轮经济衰退。

· **应对措施**：如果判断经济处于衰退期，为保险起见不应采取风险投资。如果判断经济处于真正的繁荣扩张期，那么可以采取较高风险的投资，例如股票。但如果经济扩张仅仅是表面上由通货膨胀引起的，那么可以考虑购买通货膨胀保值债券（TIPS）或者金矿和黄金上市交易基金。

· **风险等级**：风险指数取决于你是否能够很好地运用多个指数来准确判断经济的实际走向。

· **潜在收益**：$~$$$$ 不等。

>>> 第三部分 政府

　　政府对于各种商品的消费需求胃口可不小，从所有的耐用品和消耗品，到服务（例如研究开发和教育），再到设备投资（主要是军事方面），再到房屋建筑和高速公路的建设，这些加起来占到 GDP 总数的15%~20%。

　　关于政府的此类活动，本书选取了一项指标具体阐述：联邦政府预算赤字。这项指标的特殊性在于，尽管短期来看，政府的赤字代表经济中政府贡献的部分在增长，从而拉动 GDP，但这也同样预示着未来经济的其他部分可能出现问题。

值得注意的是，当政府面临大的财政赤字时，那么意味着在不久的将来消费（C）和投资（I）会出现衰退，因为当政府扩大赤字的同时，通常伴随着提高税收、借债或者增加印钞量。税收增加必然会减少不久将来的消费量和投资量。举债也必将意味着提高税收。而增加印钞量更是会导致通货膨胀，实际上也是一种无声的增税。

用最高法院大法官奥利弗·文戴尔·霍姆斯的话说，税收是必不可少的，却也是令人憎恨的，这是我们为文明付出的代价，税收有时候也会变得扭曲。正如那些奇异风格的建筑（为了减少玻璃的税费）、大规模的家庭（为了减少家庭所缴税费），和每页开本巨大的报纸（为了减少报纸页数从而减少税费），设计不合理的税收会损害经济。虽然这种改变需要花费大量时间，并且不呈现经济循环现象，但既然我们决定分析此项指标，就要提醒投资者，大的财政赤字（和由此引发的不可避免的税收法规的变更）是需要我们操心的。

# 17 联邦政府预算赤字和国家债务

## 同步指标到领先指标

有些人到月底了工资还有结余，但更多的人钱花完了却发现后头的日子还很长。如果你觉得这些天手头很紧，不用绝望，并不是你一个人这样，国家政府同样如此。

当政府的花销高于它从税收得到的收入，这种结果就称为"财政赤字"，就相当于预算里的透支。政府通常通过举债来弥补赤字，不断累积的借债就成为国家债务。在本书撰稿的同时，美国的国债总数已超过14万亿美元，就是14后面再加12个零，这么多的钱，当然会引发一些问题。

财政赤字，根本上说就是国债让人担忧，因为债务越重，国债的利率就越高，政府的债务负担就越重，也就是说，税收中的每一美元中就要有很大一部分用来偿还债务利息。

　　另一个问题就是，当政府债务负担过重，通常就诉诸印发钞票，虽然这能帮助政府还债，但最终会导致通货膨胀。

更麻烦的问题是，虽然我们很容易看到财政赤字导致的后果，但却很难读懂财政赤字的数据。如果我们单独看一个政府一年的财政赤字数据，会看到政府的税收与经济循环是保持相关的，在经济衰退期，政府的财政收入就会减少，在繁荣期间，税收就会增加。但这带来的问题就是，我们没办法单独解读每年的赤字含义。马萨诸塞州的经济咨询公司 H. C. 温怀特经济有限公司的研究室主任大卫·兰森告诉我们，应该看每年的财政赤字占 GDP 的百分比，关键数字就是3%。

"通常把3%看做正常的财政赤字比例，因为国家的经济增长率通常为3%，"兰森说道，"这就意味着政府的债务增加跟 GDP 的增长速度同步，是良性的。"

## 投资策略

国债是经济通胀的前兆，但国债水平并不和经济循环相吻合，国家每年的财政赤字是与商业循环紧密联系的。"随着时间的推移，赤字越高，通胀率就越高，如果政府不能从这种窘境中脱身，经济就将面临恶性通货膨胀。"兰森解释道。换个方式来讲，持续的财政赤字将导致国债增加，高位的国债水平是通胀的先兆。正如前面提到的，避免通胀的关键在于保持每年的赤字率在3%以下。但美国现在的问题就是，在我们撰写此书的时候，美国的财政赤字已经超过10%，并且预测在回落到4%以后会再反弹上升。

"情况只可能比预计的更糟糕。"兰森表示自己很担心。

他指出，当财政赤字维持在3%以上的水平时，黄金是不错的投资点。另一方面，他表示，如果一国政府能够控制政府开支，将财政赤字很好地保持在3%以下，那么就会吸引资本进驻，进而加快经济增长速度，"正如当今的很多新兴国家"。

对此，投资者应当考虑专门做新兴市场国家的股票的信托基金。

### 总结参谋：联邦政府预算赤字和国家债务

· **资料发布时间**：每个月的第八个交易日，美国东部时间下午2点，美国财政部会公布其财政收入和支出清单，可从中得到财政赤字数据。

此外，很多国家债务钟机构网站也会针对国家债务做连续的评估，例如美国债务钟组织，其网站是 www.usdebtclock.org.

· **资料来源**：《华尔街日报》编辑和作者密切跟踪美国政府的财政状况，在财政部发布相关数据后，《华尔街日报》记者会在其网站 WSJ.com 上整理发布即时新闻。

想要查询数据信息，你可以直接查看美国财政部在其网站 www.fms.treas.gov/mts/index.html 上公布的月度报表。要进一步分析数据，你需要将其整理成年度报表，总结12个月的赤字数据，然后与 GDP 总额相比较。

此外，圣路易斯联储的联邦储蓄经济数据库提供了丰富的历史资料，网址 http://research.stlouisfed.org/fred2/series/FYFSD?cid=5，也包括一些有关预算谈判的重要新闻。如果你想进一步了解当前联邦政府预算，可以到政府网站 www.whitehouse.gov/omb/budget/ 查看。

· **资料看点**：政府债务占 GDP 总额比例的增长 / 缩小，通常反复出现赤字高／低于3%为重要信号。

　　·**数据解读**：政府采取措施致使发生通货膨胀的可能性增加／减少。

　　·**应对措施**：卖空／买进传统政府债券，买进／卖出黄金或新兴市场股权信托基金。

　　·**风险等级**：高。

　　·**潜在收益**：$$$。

NET EXPORTS

>> 第四部分 净出口

　　美国并非独立生存于世界上，我们需要向国外销售和购买商品。简而言之，世界上的其他国家也有着重要作用，因此，本章我们选取了六个有关净出口的指标作分析。

　　我们的对外销售（出口）和从国外买进（进口）之间的差额，叫做"净出口"，经济学家常用缩写"NX"表示。

　　对于规模较小的开放经济体来讲，例如爱

尔兰，净出口通常为正值，是国家 GDP 的主要贡献力量。然而对于美国，净出口额总是处于负值状态，缩减了 GDP 的 5%~10%。有所改善的情况也不过是负值缩小，但依旧在零以下。需要注意的是，进口和出口不仅包括商品买卖，也包括服务行业，如旅游、咨询和银行业务。

对于美国净出口影响最大的是美元。当美元贬值的时候，出口提高，净出口额负值减小，因为这意味着美国的产品对于外国人变便宜了，反过来国外的产品相对于美国人变得更贵了，因此出口增加，进口减少。当美元升值时情况相反。

经济理论家告诉我们，短期来看，对于汇率影响最大的是银行利率，或者说是人们对相对利率变化的期望值。汇率长期地随着实际经济中的相关变化而做出相应变化，例如物价和生产力。需要了解汇率如何变化，你需要知道世界上其他重要经济体都发生了什么变化，这些经济体也同样是美国的重要贸易伙伴，因此我们本章也会讲述一些国际和国外经济指标。

这些指标可以帮助我们了解世界经济的发展状况。在过去，也许一个国家或地区可能深陷经济危机而世界其他国家仍能够继续繁荣，但在今天，所有国家和地区的命运都联系在一起，汤马斯·弗里德曼（犹太裔美国新闻记者，《纽约时报》专栏以及书籍作家，普利策新闻奖的三届获奖者）和其他很多作者都曾就此有过深入探讨。

# *18* 波罗的海干散货运价指数

## 领先指标

波罗的海干散货运价指数（BDI）可并不"干"，它跟水有着密切关系，这项指数衡量的是世界各大洋的原材料运货价格。而"干货"一词主要指的是船上运输的货物，通常是铁矿石、煤矿、粮食等，这些都是干燥的固体货物，而不是像原油一样的液体货物。

而其名字中的"波罗的海"指的是伦敦的波罗的海交易所，它统计和发布《波罗的海干散货运价指数周报》。但这项数据并非只包含运经波罗的海的干散货，波罗的海交易所追踪全球所有重要航运线路的航运价格，由此计算出的这项指数反映出当前所谓的现货市场，租用一条船只所需费用，而不是未来某一时刻租用船只的价格。

纽约投资分析机构 Lazard Capital Markets 的海洋运输及物流高级股票分析师乌尔斯·杜尔说，这些所谓的干散货船舶就像"运行在大洋上的巨型自卸卡车一样"。它们到底有多大呢？有些渡轮大到无法通过巴拿马或者苏伊士运河。为了将货物运往世界各地，这些船只就只能选择绕过非洲南端的好望角或者南美洲南端的合恩角，这些大型船只也因此被称作"海岬型船"。其他相对较小的船舶类型包括巴拿马型船、轻便型船和灵便型散货船，所有的这些都可以通过运河运输，它们和海岬型船一起都在波罗的海干散货运价指数计算之内。

对波罗的海干散货运价指数变化最简单的解读就是，它随着对运输船只

的需求上下波动，随着需求增加，租赁一条船只的费用就上升。因为短期来看，可供运输的船只数量是固定的，因此当全球经济起飞，原材料需求增加的时候，租船的价格就会上涨。

我们关注波罗的海干散货运价指数是因为它可以帮助我们了解最基础的工业原料的交易情况，特别是我们需要铁矿石和煤矿来制造钢铁，而钢铁又是建筑、汽车制造和其他很多耐用消费品必不可少的材料。

最近来看，我们要关注中国。杜尔说他一直关注中国的铁矿石库存和中国的整体经济健康状况，特别是当中国铁矿石库存处于低位，而中国经济状况良好时，表明其未来必将出现铁矿石进口增加。

## 投资策略

杜尔认为投资者可以通过观察波罗的海干散货运价指数的波动，找到是否有哪家上市的船运公司的每日盈利情况和波罗的海干散货运价指数变动相一致，就可以学着从中获利。这样的公司随着波罗的海干散货运价指数的上涨，营运额就增长，反之则下降。

但要想找到这样的公司说起来简单，实际上却很困难，因为一些航运商可能锁定一个价格，然后将全部船只租出去一年，结果就是他们的运营额情况并不像波罗的海干散货运价指数那样振荡。

有一家公司符合我们的标准，波罗的海贸易有限公司（BALT）。杜尔说，这家公司的宣传目标是要随着现货市场的价格出租航运船，而不会锁定某个价格签订几年的合同。"这正是波罗的海的策略。"杜尔说。

杜尔告诉我们，本书撰写时期，这家公司没有债务，并正准备同股东分红。其他一些跟随现货市场情况定价的公司包括美国鹰散航运（EGLE）和 Navios 海运控股公司（NM）。

一些分析师表示，他们通过 BDI 变化预测未来商品价格变动。例如，BDI 的下滑可能意味着不久的将来金属价格的回落。

但杜尔提醒我们，这种判断可能存在风险，因为有时候 BDI 的价格变动并非潜在需求变化导致的。例如，价格的一个高峰可能仅仅表示有需求的区域内的可供航运船只数量有限。但在任何时刻对航运船只的需求和供给都是地区性的，如果可用船只还在半路正赶往所需地区，也可能导致价格趋势图呈现高峰，但这种变化仅仅是暂时的。

另一个需要注意的是，BDI 的价格下降可能由新造船只下水造成，不论实际上货物运输需求如何，这将导致所有运输船只航运价格下降。

---

### 总结参谋：波罗的海干散货运价指数

· **资料发布时间**：每个交易日。

· **资料来源**：基础数据由伦敦波罗的海交易所在其网站 www. balticexchange.com/ 上发布，但查阅数据需要付费。

此外，你可以利用投资工具网站 www.investmenttools.com/futures/ bdi_baltic_dry_index.htm 制作走势图，或者参阅各大航运线路服务的公共网站。

- **资料看点**：运价指数的增长／下跌情况。

- **数据解读**：制造业对原材料的需求增长／下跌。

- **应对措施**：买进／卖出公开上市交易的、租赁价格随着现货市场每日价格变动的航运公司股票。

- **风险等级**：中。

- **潜在收益**：$$。

# **19** 汉堡指数

## 领先指标

1986年，英国伦敦《经济学家》杂志的一名记者好奇，如果世界上所有国家的麦当劳汉堡包价格全都一样，那么像日元、英镑等货币的汇率会出现什么状况？这个想法后来就被称为"汉堡指数（BMI）"。

"汉堡指数让经济变得有趣起来，"出版业的资深经济作家、汉堡指数的发明者潘·伍德尔说，"人们很喜欢看，于是我们也就年复一年地继续统计这项指数。"

也许乍看一下很奇怪，但这背后依旧是严肃的经济学原理：购买力平价理论（PPP）。这个理论认为，如果国际贸易完全自由化，那么最终所有国家的所有产品和服务价格都将趋同。这里选取了一个具体商品，那就是全世界无所不在的快餐店麦当劳的汉堡。如果法国的麦当劳汉堡卖三欧元，纽约的汉堡卖三美元，那么按照购买力平价理论，逻辑上的汇率就应该是一欧元等于一美元。

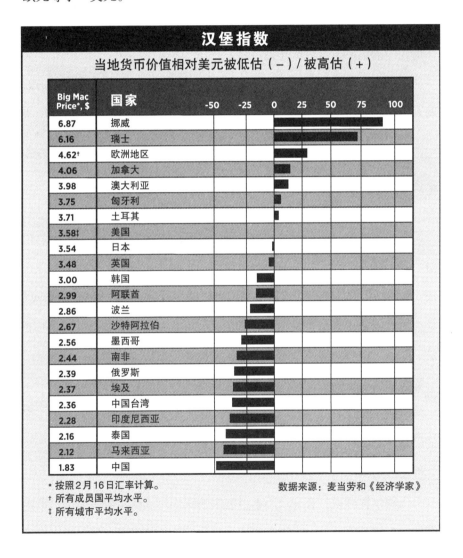

### 汉堡指数

当地货币价值相对美元被低估（－）/ 被高估（＋）

| Big Mac Price*, $ | 国家 | |
|---|---|---|
| 6.87 | 挪威 | |
| 6.16 | 瑞士 | |
| 4.62† | 欧洲地区 | |
| 4.06 | 加拿大 | |
| 3.98 | 澳大利亚 | |
| 3.75 | 匈牙利 | |
| 3.71 | 土耳其 | |
| 3.58‡ | 美国 | |
| 3.54 | 日本 | |
| 3.48 | 英国 | |
| 3.00 | 韩国 | |
| 2.99 | 阿联酋 | |
| 2.86 | 波兰 | |
| 2.67 | 沙特阿拉伯 | |
| 2.56 | 墨西哥 | |
| 2.44 | 南非 | |
| 2.39 | 俄罗斯 | |
| 2.37 | 埃及 | |
| 2.36 | 中国台湾 | |
| 2.28 | 印度尼西亚 | |
| 2.16 | 泰国 | |
| 2.12 | 马来西亚 | |
| 1.83 | 中国 | |

\* 按照2月16日汇率计算。
† 所有成员国平均水平。
‡ 所有城市平均水平。

数据来源：麦当劳和《经济学家》

这项汉堡指数的魅力在于，运用它，你几乎在所有地方都可以直接知道价格，而不需要像了解其他非标准化产品那样，需要根据货品不同的质量和规格进行换算。

根据一个国家的汉堡价格相对于美国售卖的汉堡价格的实际比例，就能够知道此国的汇率定价过低还是过高。

如果同样的汉堡在北京价格为15美分，而在纽约为3美元，这项指数就表明人民币定价过低。

## 投资策略

汉堡指数教给我们最有效的投资理念就是，要懂得预测外币汇率的长期价格。最近在外汇市场和决策圈内讨论的一大问题就是，人民币汇率是否被低估。从2010年的汉堡指数数据中我们可以明显看到，人民币不仅定价过低，并且在所有国家中是估价最低的，低于其实际价格的50%。运用同样的测量方法，我们可以看到墨西哥的比索同样定价低了25%。

那么根据汉堡指数，我们是否应该投资这些定价过低的货币？

《经济学家》杂志社的伍德尔表示，很多人认为汉堡指数能够比很多复杂的经济模型更好地预测汇率，她同样表示很多学术研究也证明这项指数的有效性。

但伍德尔提醒说，有一项因素可能影响我们对汉堡指数的解读。虽然麦当劳的汉堡跟其他商品一样用来买卖，但我们无法将汉堡存储起来以供以后使用，这使得汉堡比起其他商品，更像一种服务，即我们在购买的同时就消耗了它，就如同购买一次背部按摩一样。这又怎么样呢？实际上，服务业在新兴市场价格偏低是很正常的，这些国家的工资水平低，而工资又是服务业的最主要成本。因此，北京的汉堡包理所应当会比纽约的便宜一些。

这也同样意味着，即便汇率显示充分反映实值，汉堡指数仍能够显示新兴市场的货币依旧定价过低。因此，我们可以用这项指标判定一国货币是否定价过低或者过高。如果一国货币大幅度定价过低，那么可以期待最终其价值将上涨，反之亦然。

如果由于这些复杂情况，《经济学家》的汉堡指数让你觉得不完全可靠，你可以参考瑞士银行（UBS）旗下的财富管理研究部门根据 BMI 发布的另一指数，它通过统计算出一个地区一名工人需要工作多少工时来购买一个汉堡。所需工时的减少意味着生产力的提高，最终导致一国货币的增值。但依旧需要投资者谨慎，因为其他因素同样可能影响一个工人赚取一个汉堡的速度，例如人们口味的改变和下滑的市场给零售价带来的压力。

如果你决定投资货币，比较保险的方法是考虑追踪各类货币相对美元实际价值的交易所交易金，例如欧元信托基金（FXE）、英镑信托基金（FXB），和加拿大元信托基金（FXC），还有其他很多与此相似的基金。投资新手最好避免直接投资货币市场，或是贷款交易。

### 总结参谋：汉堡指数

· **资料发布时间**：每周五出版的《经济学家》杂志公布。

· **资料来源**：可在《经济学家》报纸的官网 www.economist. com 查看汉堡指数。

· **资料看点**：留意那些汉堡价格明显低于 / 高于美国价格的国家。

· **数据解读**：一国货币处于估价过低 / 过高状态，那么在长期可能会增值 / 贬值。

· **应对措施**：买进 / 卖出估价过低 / 过高的货币，最好通过购买货币基金。

· **风险等级**：极高。

· **潜在收益**：$$$$+。

# 20 经常项目贸易赤字

## 领先指标

（另参阅财政部国际资本流通数据报告）

美国消费者喜欢进口商品的说法远远不足以描述目前的状况，事实上，至少在过去的20年间，美国人是在疯狂购买进口商品，尤其是来自中国的商品，其结果就是，造成国际贸易的严重不对等。

然而问题并不在于美国人喜欢买外国的小玩意儿，买东西本身是帮助世界经济运转，但问题是，美国人在进口商品上花的钱远远高于外国人购买美国商品和服务花的钱，这种境况虽然不能说永久如此，但至少将持续很多年。

通过查看贸易差额或者经常项目贸易赤字，我们就可以清楚地知道美国人购买进口商品所花的钱比外国人购买美国商品所花的钱到底多多少。

对于大多数国家，贸易差额通常和经常项目收支对等。技术上讲，国民账户中的经常项目账户指的是贸易差额加上利息和分红净收入，再加上国际外援净收入。所以当权威人士和经济学家讲到经常项目赤字时，通常讲的是贸易赤字，美国的贸易赤字存在了多年。

"我通过举债或者把资产卖给其他国家，来购买进口货物。"纽约大学斯特恩商学院的经济学教授保尔·瓦特尔说道。从某种意义上说，就如同把家里的金银首饰拿去换来餐桌上的食物，你或许能这么干一次两次，但这永远不是长久之计。

瓦特尔解释说，因为美国的贸易赤字持续了相当长的时间，造成了巨大的收支不平衡，特别是我们还需要外国人借钱给我们来购买进口商品的现状，将会给美元的前景，甚至世界经济未来的健康状况都埋下潜在隐患。

"这种状况持续的时间越长，我们所欠的外债越多，"瓦特尔说，"到最后问题就会变成'天啊，别说把欠债还清，这些利息我们还还得起吗？'"

## 投资策略

要理解贸易赤字，就要看它在整体经济中所占的比例。另外，我们需要观察长期的贸易赤字，而不是某一时刻的数据，因为贸易平衡会随着经济循环变动。

通常，贸易平衡在经济走出低谷时期或者将要陷入衰退期的时候会有所好转，因此我们需要观察的是数据走向，而不是某个月的具体数字。

瓦特尔说，一个粗略而简单的方法，就是良性的贸易赤字所占一国全年GDP总额的比例应小于5%，当比例大于5%，就会导致一定的问题。

"当我们考察小的新兴国家时，这项指标可以预测正在逼近的汇率危机。"瓦特尔说。简言之，如果一国的贸易赤字高于国内生产总值的5%，那么本国的货币价值可能陡降。他指出，匈牙利就是最近的一个例子，当其贸易赤字达到GDP的10%时，紧跟着就是货币疯狂地贬值。希腊也有过同样的经历。

瓦特尔说，与此境况相反的国家，也就是呈现持续贸易顺差的国家，更能吸引更多的投资者进驻投资，进而经济发展迅速。这表明，呈现巨大贸易顺差的新兴市场经济体在未来将快速发展，是投资的好地方。

但提到贸易平衡问题，由于美元是世界储备货币，因此美国的情况较为特殊，虽然常见其处于巨大的贸易赤字状态中，却可以免受汇率危机。

但最近人们不禁开始发问："这种状况能一直持续下去吗？"瓦特尔表示："很难，如果再持续5年、10年，情况就会发生改变。"也就是说，如果美国不能在不久的将来解决这种贸易逆差问题，美元可能遭受大幅度贬值。

## 总结参谋：经常项目贸易赤字

· **资料发布时间**：在3月、6月、9月和12月中旬，美国东部时间上午8：30会发布本季度贸易赤字数据。

· **资料来源**：《华尔街日报》编辑和作者密切跟踪美国贸易赤字状况，在商务部发布相关数据后，《华尔街日报》记者会在其网站WSJ.com上整理发布即时新闻。

如果新闻信息正是你所需要的消息，登录"华尔街日报在线"，在www.WSJMarkets.com上找Market Data Center（市场数据库），Calendars & Economy（财经日历）下拉目录中点开U.S. Economic Events（美国经济事项），找到经常项目贸易赤字（Current Account）。

此外，圣路易斯联储的联邦储蓄经济数据库也提供了丰富的历史资料。

- **资料看点**：观察贸易赤字占 GDP 总额的比例高于5% 的国家（美国除外）。

- **数据解读**：可能面临一场汇率危机。

- **应对措施**：卖出持有的此国货币。

- **风险等级**：极高。

- **潜在收益**：$$$$+。

# 21 原油储备

## 领先指标

虽然美国前副总统和现任总统奥巴马都很希望美国能够摆脱对原油的依赖，但这似乎在近期是不可能发生的。

整个工业体系都在疯狂地吞噬着原油：驾车上班，房屋取暖，工厂运营，或者我们家里购买的看起来是非原油的制品，其实这些商品中有半数制造都需要石油，例如任何塑料制品都是原油制品。

我们的生活如此依赖原油使用，原油市场可以看做是美国经济健康状况的高端精密测量仪。对于刚上路的经济学者和贸易者可以算作好消息的是，能源市场的信息特别丰富，特别是美国政府能源信息管理局（EIA），长期提供能源贸易的最新具体信息。

　　能源信息管理局每周（通常是周三）公布能源储备水平数据，这项指标告诉我们有多少库存原油、汽油、燃油（和其他原油提炼品）以供使用，有了这项常规发布的数据，分析师可以比较每周的储备水平变化。

　　"原油库存处于低位或者水平下降表示经济状况良好，"纽约全球曼氏金融期货经纪公司资深贸易分析师爱德华·米尔说，"这表明工业生产强力运转，工厂在消耗能源，各类设施在消耗能源，人们每日驾车上班、乘飞机或轮渡出行。"

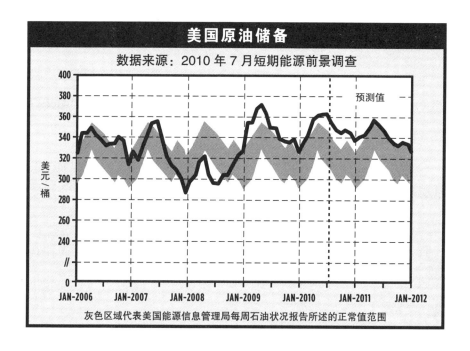

灰色区域代表美国能源信息管理局每周石油状况报告所述的正常值范围

　　他表示这就是2007年和2008年的状况，那两年能源库存下降，原油价格涨到每桶147美元，这项纪录一直保持到本书成书的2010年。米尔也提到，如此高的原油价格使人们不得不尽力压缩对高价能源的需求。

## 投资策略

当你每周三查看公布的库存数据，关键点在于观察原油存货，并且要排除政府战略石油储备（Strategic Petroleum Reserve，SPR）。政府的石油储备并不供给日常使用，只有在特殊情况下，有政府的批准才能开放，因此政府战略石油储备不能看做是潜在石油供应源。

米尔也提到，对原油库存指数的市场预期也十分重要，例如，如果人们预测原油库存将会下降多少，但实际下降比例低于预期，那么说明经济状况比想象的要糟糕。相反，如果实际储备水平下降幅度大于预期，说明经济比投资者预想的要好。

需要注意的例外情况就是，在贷款利率过低的情况下，可能对商品市场造成影响。米尔解释说，因为持有商品意味着资金占用，当贷款资金更便宜的时候，投机者就会通过贷款购买原油来抵御通胀。

这就可能导致原油库存量不正常地增加（其中一部分是投机者持有），价格也会上涨。而正常情况下，增长的原油库存是表明供大于求，价格将会下降。

另一个需要注意的例外情况是，暂时的原油供应阻断会导致库存下降，但这与实际经济走向无关，例如炼油厂爆炸、战争、钻探禁令或者航运事故等。投资者要明白，虽然这些事件会影响市场价格和库存水平，但并不能反映经济的实际健康状况。

---

### 总结参谋：原油储备

- **资料发布时间**：每周三美国东部时间10：30发布一周数据。

- **资料来源**：《华尔街日报》的编辑和作者密切跟踪原油库存状况，在能源信息管理局发布相关数据后，《华尔街日报》记者会在其网站 WSJ.com 上整理发布即时新闻。

　　如果新闻信息正是你所需要的消息，登录"华尔街日报在线"，在 www.WSJMarkets.com 上找 Market Data Center（市场数据库），Calendars & Economy（财经日历）下拉目录中点开 U.S. Economic Events（美国经济事项），找到能源信息管理局石油状况报告（EIA Petroleum Status Report）。

　　此外，你也可以到能源信息管理局网站 www.EIA.gov 查看相关信息。

- **资料看点**：原油库存在增长／减少（排除政府战略储备）。

- **数据解读**：需求在减弱／增强，表明整体经济在走低／走高。

- **应对措施**：进行正确的周期性投资，避免／参与股票等风险投资，卖出／买入追随经济走势的股票，例如工业公司股票。

- **风险等级**：中。

- **潜在收益**：$$。

---

# 22 日本经济短观调查

## 领先指标

如果你年过30岁，就应该记得美国人曾经一度都在害怕日本人会买光美国所有的地标大厦，日本公司会消灭所有美国公司，幸好最终结果并非如此。

日本虽然经历过20年的停滞期，但现在依旧地位重要，它是位列中国之后世界第三大经济体。但中国主要是依靠它庞大的人口在2010年挤上了全球第二的位置，虽然现在中国的经济总量更大，但从某些意义上来说日本的地位更为重要，因为从人均收入来看，日本要富有得多，这表示当日本消费者决定购买消费的时候，对全球经济的影响更大。

如果你想要深入了解日本的经济状况，日本经济短观调查是一项很好的指数。每季度，日本中央银行都会调查日本9,000多家大中小企业的商业人士对日本经济状况的看法，他们对未来物价、营销、就业、汇率和信用状况变化的预期，这项指标可能是世界上调查最全面的指标，某种程度上，这项指标类似供应管理协会的制造业和服务业调查，并且是对宏观的整个日本的调查。

短观调查的主要指数是商业状况扩散指数，纽约的保险巨头瑞士再保险公司经济师库尔特·卡尔说，这项指数很好看懂，任何大于零的数据就是好的，代表经济增长，低于零的数据是消极的，代表经济放缓或者衰退。

卡尔描述这项指标"全面而深入"，也就是说，只要经济师有意愿，就可以从中获取无尽的有用信息。

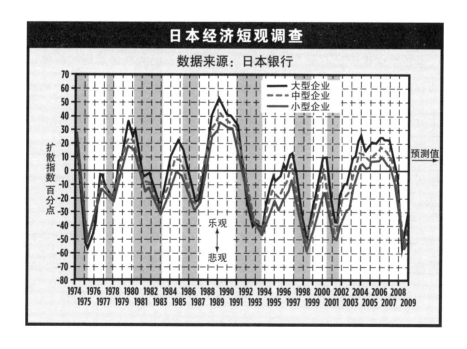

## 投资策略

如果你对在日本投资感兴趣，日本经济短观调查是非常棒的参考指数，如本章的图表中所显示的，指数按照商业界中企业的大、中、小型规模来分类解读经济。这些企业家一起提前预测了经济的衰退或者复苏，有时候短期内就会兑现，有时候甚至在很早之前就做出预测，例如1990—1994年时的情况，几乎没有误判。

短观调查不仅是良好的领先指标，它如此受到其他国家重视还因为日本政府的其他数据并不像美国经济数据那么可靠。卡尔告诉我们，日本的GDP 数据在世界其他地区看来经过过分修正，"因此要以此预测日本经济是很困难的"。

卡尔举例说，还有一次，日本 GDP 强势增长的数据最后居然被修正为经济紧缩，也就是说，经济上涨态势最后被修正为经济衰退，这在我们看来是十分荒谬的事情。

但日本经济短观调查并没有出现过这样的修正，它对于预测日本经济还是很可靠的指标。卡尔说，实际上比起 GDP 数据，他更倾向于短观调查的数据。

仅仅从查看短观调查的标题数据，你就可以读到很多信息，但如果你深入挖掘，会有更多发现，因为短观调查针对经济不同部门各自有一系列调查数据，例如，除了标题数据之外，还有针对制造业部门的相关信息。

卡尔表示，短观调查中他最偏爱的就是制造业指数，他认为这项指数是

"预测整体经济健康的最佳指标"。

他同时指出，短观调查指数的质量不容置疑（比日本政府的 GDP 数据可靠），其中的国家制造业部门的数据更为可靠，因为某种程度上说，制造业衡量工业产出比服务业经济衡量产出要更容易。

当指数显示日本经济将出现良好升涨态势的时候，可以选择投资日本的股票，中小投资者或者没有消息来源去具体调查日本个别股票的投资者，可以考虑安硕日本指数基金（EWJ），它跟踪的是一篮子配置好的日本股票，其他公司也有类似产品可供投资。

---

### 总结参谋：日本经济短观调查

• **资料发布时间**：4月、7月、10月月初，和12月中旬，日本时间上午8：50发布（根据季节不同换算为美国东部时间为下午6：50或者7：50）。

• **资料来源**：《华尔街日报》记者会在其网站 WSJ.com 上整理发布相关数据。你可以登录"华尔街日报在线"，在 www.WSJMarkets.com 上找 Market Data Center（市场数据库），Calendars & Economy（财经日历）下拉目录中点开 U.S. Economic Events（美国经济事项），找到日本经济短观调查（Tankan Survey）。

此外，你也可以到日本银行网站查看其指定和发布的短观调查数据，很高兴它在网站 www.boj.or.jp/en/type/stat/boj_stat/tk/

index.htm 发布英文版报告。另一项如本经济重要指数工业产量报告在网站 www.meti.go.jp/english/statistics 上发布。

·**资料看点**：调查结果是积极／消极。

·**数据解读**：不论日本官方数据如何，日本经济都在增长／收缩。

·**应对措施**：买入／卖出日本股票或基金。

·**风险等级**：高。

·**潜在收益**：$$$。

# 23 财政部国际资本流通数据

## 领先指标

（另参阅贸易赤字和联邦政府赤字）

美国人喜欢消费，不仅消费者如此，政府也一样，这在很大程度上造就了美国的今天。但背后人们不愿承认的秘密，就是如果没有外国借给美国外债，这一切都不可能实现。

如果其他国家不愿意放债给美国，那么我们不论是信用卡透支，还是贷款买房购车，都需要支付更多的利息，才能够借到贷款。不然我们就得让美元贬值，以促进我们的出口，或者抑制我们对原油和中国制造商品的需求。

财政部国际资本流通数据（TIC data）就是以美元为基准单位，衡量外国人借钱给美国的意愿。

弗吉尼亚大学达顿商学院经济学教授弗兰克·沃诺克解释说，财政部国际资本流通数据记录的是进出美国的资本流通。虽然沃诺克不是这项指标的发明者，但他目前一直致力于该指数的改善与发展，财政部公布的数据对于研究者更有效。

这些指数不仅显示每月有多少资本跨越美国国境进出流通，并且告诉我们这些资本的来源和去向，具体来说，其中的数据包括跨境股票债券的买卖情况和跨境银行之间的借贷和偿还，但是它不包括国外的直接投资，也就是在美国建设和关闭工厂的情况。

这项指标的重要性简单来讲，就是越多的外国人愿意购买美国的债券，对于美国人来说就越是好消息，因为美国借款所需还的利息高低，很大程度是由债券的供给关系决定。

投资者需要密切关注的就是外国愿意购买美国债券的资金数量，美国国债通常被认为是无风险的投资，除美国政府以外的其他借款者不能从税收中获益，借款成本要高得多。如果国外对于美国国债的需求持续降低，那么过不了多久就会引起全面的利率上涨。

在21世纪早些年，国际投资者最担心的就是美国的财政状况，美国与其他国家，比如希腊不同的地方是，美国借贷借的是美元，自己又可以随意印钞，所以技术上说它的还贷能力不是问题，至少目前还不是。但投资者焦虑的是未来美元的购买力，可能美元不论在其国内还是国外，购买力都可能迅速下降。

预测长期汇率变动的关键在于，"外国投资者是否都买够了美国国债?

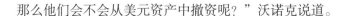

那么他们会不会从美元资产中撤资呢？"沃诺克说道。

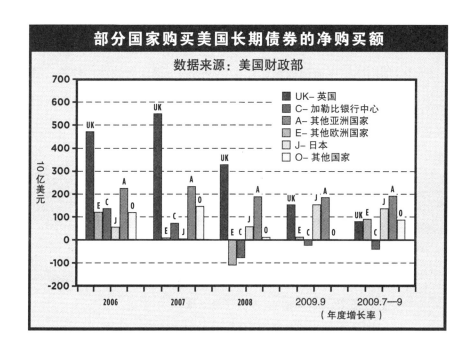

## 部分国家购买美国长期债券的净购买额

数据来源：美国财政部

- UK– 英国
- C– 加勒比银行中心
- A– 其他亚洲国家
- E– 其他欧洲国家
- J– 日本
- O– 其他国家

10亿美元

2006　2007　2008　2009.9　2009.7—9
（年度增长率）

## 投资策略

　　沃诺克讲到，我们通过观察2004—2005年的国际资本流通数据，可以解释一个让很多经济学家困惑的现象，特别是为什么当时很多指标都表明美国的银行利率应该升高，但实际上利率却一直处于低位。

　　"外国当时购买了大量的美国债券，"沃诺克解释道，这就使得债券的价格上涨，利率降低，"财政部国际资本流通数据是让我们把握这个现象的最佳指标。"

用国际资本流通数据指标来推断美国债券需求处于增长态势还是减弱态势的时候，需要我们观察历史走向和当前走向，如果需求减弱，那么很可能利率将上涨，美国经济的增长也将放缓。

但财政部国际资本流通数据也存在一些问题，例如时效性比较差，尽管数据是每月发布，但公布的是一个半月前的数据情况，因此参考这项数据有时候就像看着后视镜开车一样。

### 总结参谋：财政部国际资本流通数据

· **资料发布时间**：每月中旬美国东部时间上午9：00发布一个半月前月份的数据（例如12月中旬发布10月份的数据）。

· **资料来源**：要查看财政部国际资本流通数据，可登录"华尔街日报在线"，在 www.WSJMarkets.com 上找 Market Data Center（市场数据库），Calendars & Economy（财经日历）下拉目录中点开 U.S. Economic Events（美国经济事项），找到财政部国际资本流通数据（Treasury International Capital）。

此外，你也可以到美国财政部官方网站查看数据 http：//treas.gov/tic. 想要查看其他国家的国际资本流通数据，可以到国际货币基金组织网站 www.imf.org/external/data.htm 查看。

· **资料看点**：外国对美国债券需求的增加／减少。

· **数据解读**：银行利率的压力减少／增加。

· **应对措施**：同时关注其他利率动向的指标，进行合理投资，例如当利率下降／上升时，买进／卖出固定收益基金。

· **风险等级**：中。

· **潜在收益**：$$。

MULTIPLE COMPONENTS

>> 第五部分 综合指标

许多经济指标表示的是 GDP 多项要素的变化，包括消费、投资、政府行为和进出口（也就是 C,I,G 和 NX），这些指标是对复杂而相互关联的经济现象的数据概括。

例如消费和政府税收紧密相关，当消费增加，表明我们购买的东西增多；对于卖方来说，表明销售额增加，利润增加，也就意味着缴税增多。

同样，当银行向企业放贷，企业用贷款购买机器设备（投资增加），进而雇佣更多的劳工操作机器，那么因雇佣劳工又会进一步增大花销（增加消费），缴纳更多税务（增加政府税收）。

因此，我们在本章中涵盖了16项GDP的综合指标，就不足为奇了。

# 24 美联储褐皮书

## 同步指标

褐色总给人一种制度平庸、乏味中性的感觉，但可不要因此小看了美联储褐皮书的价值，但与本书的其他指标不同的是，褐皮书的主要内容不是数据。

褐皮书是美国经济状况相关事务的汇编，联储实实在在从美国12个区（12个区的具体划分如本节图所示）挑选对象，特别是商业人士和经济学家，与之沟通交流。

最终的报告包含总体经济的总结，但更重要的是，它针对12个地理区域，分别讲述详细的经济事件。正是这些小消息深受预测专家的青睐，但这也意味着想要读懂这项指标的人要花费大量的功夫。

好消息是，褐皮书每年只发布八次，并且在网站上免费向公众提供，不过联储的决策制订者肯定更先能拿到数据，他们在联邦公开市场委员会召开前两周就会得到褐皮书指数。

"这项指标让我们看到联储官员们都在如何解读经济，了解他们对经济前景的预测，"彭博资讯社的经济师乔·布鲁苏拉斯说，"这项指标先于其他很多指标发布，因此十分有用。"

特别是它能够帮助投资者预测，美联储是即将提高、保持还是降低贷款利率，也能够提醒精明的投资者预测即将到来的问题。

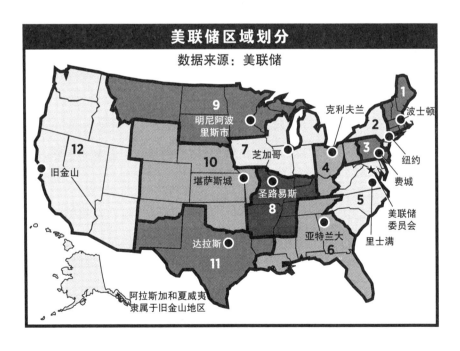

也许有消息来源的人会告诉你，美联储发布的其他数据更重要，比如蓝

皮书和绿皮书，但这两类指标的问题在于，对于公众没有时效性，它们对于经济史学家十分有用，但与经济预测毫不相关，不管任何报告的任何数据多么有价值，如果你无法得到数据，那么一切都是空谈。

## 投资策略

与其他指标相同，褐皮书帮助我们调整投资决策，先来看一下2006年11月的褐皮书关于旧金山的报告：

总体信用状况良好，极少拖欠现象，但有零零散散报道称房产行业存在账务拖欠，银行决定提高对其放贷警惕。

报告陈述得很清楚，但只有足够精明的人才能够看出来其中对于即将发生的金融危机提出的预警。具体来说，就是要绕开房地产股票投资和相关抵押投资。

很明显，最近一次的金融危机十分罕见，因此想在类似公布的数据中找到预示即将到来的厄运的征兆十分困难，但褐皮书对于投资者来说一直都是挖掘信息金矿的地方。

"经济疲软的信号对于债券投资者是好消息。"布鲁苏拉斯说。当褐皮书报告描绘了一幅经济衰退的景象（或至少处于比预计的商业环境衰弱的状态），就表示美联储将会降低短期利率从而减少贷款成本。布鲁苏拉斯解释说，这对于债券投资者来说是好事儿，因为利率的下降就意味着债券升值。

在经济好转时期是同样的逻辑，"如果褐皮书认为经济在强势发展，很可能意味着利率短期内即将上涨"，也就意味着美联储将提高贷款成本，这就表明现在需要绕开债券投资，因为随着利率下调，债券也将贬值。

我们也可以从褐皮书报告看出经济各个部门，例如科技部门或者制造业部门的健康状况，因为经济的各个部门中心分布在不同地理区域。例如，要想知道科技部门的发展状况，就应该去解读旧金山联储发布的部门报告。高科技公司都聚集在加利福尼亚南段的硅谷地区，如果报告显示科技企业呈现良好经济状况，那说明股票市场的科技股板块值得投资，例如超技术公司的上市基金（ROM），它追踪的是大量科技公司的市值。布鲁苏拉斯还提醒说，考虑报告资料的性质，最好和其他的指数一同分析更为准确。

---

### 总结参谋：美联储褐皮书

• **资料发布时间**：在联邦公开市场委员会召开两周前的周三、美国东部时间下午2：00公布数据，会议的日程在网站www.federalreserve.gov/fomc/ 上可以查看。

• **资料来源**：《华尔街日报》编辑和作者在褐皮书发布后会仔细研读，在《华尔街日报》上总结发布。

"华尔街日报在线"也会发布相关总结，在www.WSJMarkets.com 上找 Market Data Center（市场数据库），在 Calendars & Economy

（财经日历）下拉目录中点开 U.S. Economic Events（美国经济事项），找到褐皮书（Beige Book）。

此外，你可以直接去美联储网站查看，网址 www.federalreserve.gov/FOMC/Beigebook/.

· **资料看点**：报告中有关总体经济和具体部门健康状况的线索。

· **数据解读**：联储不知名官员从地方商业界听到消息，认为值得关注。

· **应对措施**：根据报告内容作决策，如果经济出现疲软态势，投资债券！

· **风险等级**：不等。

· **潜在收益**：不等。

# 25 裂解差价

## 领先指标

这项指标值得我们费尽心思解读的原因在于——汽油。

"裂解差价是有关冶炼厂利润率的指标。"华盛顿德意志银行的首席能源经济师亚当·希明斯基说道。尤其是将石油转化成汽油和燃油的提炼厂的利润率。当差价大的时候，炼油的利润率就高；差价缩小，也就意味着可图利润减少。如果数值变成负数并一直持续，那么提炼厂就会处于亏损状态，可能我们就找不到足够的汽油来填满我们的油箱。不过至少我们还有时间去多学习几个经济指标。

这项指标中的"裂解"两字，意思是石油经冶炼，裂解成汽油、柴油、燃油和其他许多石油化学产品。

虽然裂解有很多种，但投资者最关心的还是原油与石油的裂解关系，毕竟我们的经济很大部分都依赖于汽油。

裂解差价扩大或者缩小，是因为汽油和原油的价格变化不同步，为什么会出现这种状况？"因为影响原油市场价格和汽油市场价格的因素不同，"希明斯基这样解释，"如果一家提炼厂因为失火或爆炸而关闭，那么燃油和汽油的价格会发生变化，但原油的价格不会受到影响。"

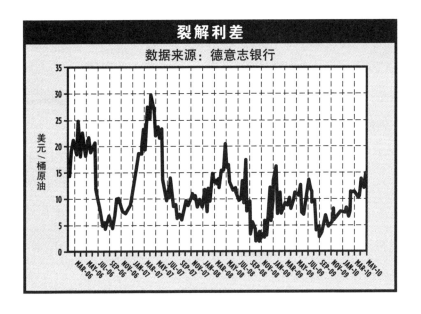

同样，石油输出国家组织（OPEC）放出的消息将会影响原油价格，但并不会立刻直接影响到汽油价格。

## 投资策略

裂解差价指标值得注意的一点是它是季节性的：春天和夏天对汽油的需求增加，秋天和冬天对燃油的需求增加。并且，在每年冬季末尾的设备维修期间，只有少数提炼厂在运转，它们就可以提高价格，裂解差价就会升高。

很多观察家相信美国整体的原油提炼能力不能满足最高峰时期的需求。

记住这些基本规律，投资者可以利用裂解差价预测未来石化燃料的供需状况。当裂解差价小，说明炼油厂利润低（偶尔裂解差价可能变为负值，但远在那之前，一些高成本的炼油厂就已经处于亏损状态），可能不会在短期扩大生产，因此将会看到原油需求下降，汽油、燃油的库存减少。与此相反，当裂解差价大的时候，炼油厂希望趁着好时机扩大生产，于是原油需求增加，汽油和燃油的供给也会增加。

德意志银行的希明斯基认为投资者可以在裂解差价较大时关注与炼油工业紧密相关的公司，他特别提到瓦莱罗能源公司，当裂解差价扩大时，瓦莱罗将会从中受益，反之差价减小，瓦莱罗公司的利润也将预计减少。希明斯基提醒到，一个从事原油行业的公司不代表就深受炼油产业影响，你需要通过调查来选择购买股票。

另一点要注意的是，裂解差价只体现了两个市场各自一方面的信息：对原油的需求和石油产品的供给，需要参考其他例如波罗的海原油油船运价的其他指数，来辨别未来原油供给和石油产品需求，才能有更充分的准备投资这些市场，也能更好地看清当前所处经济循环的位置。

## 总结参谋：裂解差价

· **资料发布时间**：能源价格每天都在持续变化，每个交易日都在进行能源交易。

· **资料来源**：你可以在"华尔街日报在线"上轻松查看能源价格，登录 www.WSJMarkets.com 找到 Market Data Center（市场数据库），在 Commodities & Futures（商品期货）下拉目录中点开 Energy（能源），找到 Petroleum（石油），第一步找到近期的成交原油和汽油的价格，然后做一下算术，但这中间容易出错的地方是单位问题，原油价格是以每桶计算，但石油和燃油价格以加仑计算，要按照"1桶＝42加仑"换算一下。另一个问题是重量换算，通常3桶原油提炼成2桶汽油和1桶燃油，但也有其他的可能，那么按3-2-1的比例计算，最终计算裂解差价的公式为：

（84 × 汽油价格 ＋ 42 × 燃油价格 － 3 × 原油价格）÷ 3

此外，芝加哥商业交易所集团的纽约商品交易所在网站 www.nymex.com/calc_crack.aspx/ 提供便捷的计算器。

· **资料看点**：裂解差价升高／降低。

· **数据解读**：炼油产业利润升高／降低。

· **应对措施**：购买／卖出瓦莱罗这样与炼油产业相关的股票。

· **风险等级**：高。

· **潜在收益**：$$$。

# 26 信贷可获性振荡指标

## 领先指标

（另参阅伦敦银行同业拆借利率）

《卡巴莱》音乐剧中著名的歌曲《钱钱钱》里唱得对："金钱让世界运转。"对于经济和商业来说，是信贷让其保持运转。

2008年严重的信贷危机造成严重的信贷枯竭，之后就引发了经济大衰退，一下让人们意识到了经济运转对信贷的依赖有多大。

2008年的信贷危机给我们最大的教训就是，如果没有信贷的自由流通，全球商业迅速就会停止，经济增长也将停滞。

广义上说，如果企业和个人更容易获取信贷，那么经济活动就会增加，经济增长加快。如果信贷获取难度加大，便可预想经济活动在放缓，经济状况也在衰弱。

在2007年，费城投资银行詹尼蒙哥马利斯科特证券评级机构有经验的债券市场分析师们就意识到这个规律，并因此发明了信贷可获性振荡指标（Credit Availability Oscillator，CAO）。他们的前瞻性举措充分展示了他们的先见之明。

詹尼的固定收益策略主管和信贷可获性振荡指标主要设计师之一的盖·雷巴斯表示，他一直都意识到经济对信贷的依赖性。

"信贷可获性是消费的重要组成部分。"雷巴斯说。在2007年，他就在担心如果贷款买房者都还不起房贷，那么社会消费状况将会怎样，由此引发了他创立信贷可获性振荡指标的想法。

尽管这项指标的具体运作，詹尼公司高度保密，雷巴斯还是给我们透露了这项指标的一些定性和定量的衡量标准，都是衡量贷款难易程度的。

一项定性数据调查是有关每季度各种贷款的难度的，其中包括每日的数据，这些数据是对每日 CAO 指标的解读。

定量数据包括各种债券的交易价格，特别是针对消费者的汽车贷款和次级信用历史的贷款者，也就是次贷者。定量数据也包括银行贷款的利率，称为"伦敦银行同业拆放利率"，此利率用以衡量贷款机构之间的债务流通。

虽然2007年才发明信贷可获性振荡指标，但詹尼已经开始总结2007年之前的历史数据以提供分析背景，如下图表所示：

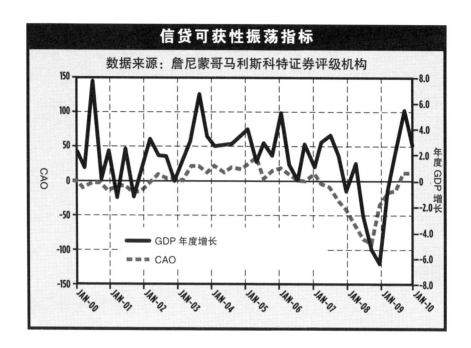

**信贷可获性振荡指标**

数据来源：詹尼蒙哥马利斯科特证券评级机构

## 投资策略

　　与其他经济指标不同，信贷可获性振荡指标相对比较容易理解，零表示信贷可获性为中等，也就是贷款难度不是特别高也不是特别低，正值表示信贷流通较为宽裕。2000年之后的几年，指数一直保持在20、30左右，但到了2006年年末，数值突然"跳水"，自2002年以来第一次呈现负值。

　　"这就告诉我们，贷款环境极度恶化，"雷巴斯说道，"这带来的影响十分广泛，意味着企业的利润率降低，市场需求减少，经济增长减弱，这些是宏观层面的预示。"

信贷可获性振荡指标所包含的定性调查数据，如果观察2~3个季度的数据，就能够看到趋势。因为雷巴斯可以直接了解这项指数的来源数据，从中就可以观察是否大部分数据呈现一定趋势，或者是否存在什么数据异常。

特别提醒：信贷可获性振荡指标处于超高位的时候可能表示存在资产泡沫，也就预示着投资者应当减少负债，转向现金投资。

---

### 总结参谋：信贷可获性振荡指标

· **资料发布时间**：詹尼蒙哥马利斯科特不定期发布调查报告。

· **资料来源**：詹尼蒙哥马利斯科特公司是信贷可获性振荡指标的所有者，如果你是詹尼的客户，就可以从公司研究调查出版物上查看这项指标的数据。

如果你不是詹尼的客户，那么要想跟踪 CAO 指数相对较难，但也不是完全不可能，因为各大银行的调查报告大多都可以在网上获取，所以你可以从网上搜索信息入手。此外，如果这项指标数据发生重大变化，你想了解的时候，媒体也一定会进行报道。

· **资料看点**：信贷可获性振荡指数的上升／下降。

· **数据解读**：贷款容易／困难，经济在近期可能扩张／衰退。

· **应对措施**：这可能是全力以赴投资股票的好时期／糟糕时期。

· **风险等级**：中。

· **潜在收益**：\$\$。

---

# 27 联邦基金利率

## 领先指标

（另参考伦敦银行同行拆借利率、泰德利差、信用利差和收益曲线）

当你开车的时候，一踩油门车就加速，一踩刹车车就减速，美国的中央银行美联储对于经济就有这样的控制作用。如果美联储想让经济放缓，它就提高联邦基金利率，也就是银行间贷款利率；如果它希望经济增长加速，就降低联邦基金利率。

当然这么操纵经济比开车要麻烦得多。这项指数是由联邦公开市场委员会（FOMC）制订，东京三菱银行纽约部的经济师艾伦·曾特纳解释说，它的有效性在于它能直接影响其他利率水平，包括可调整利率的抵押贷款利息（所谓的 ARMs）、信用卡利率和银行储户利率。

　　"联邦公开市场委员会改变利率，就意味着与银行进行生意往来的成本改变，"曾特纳说，"如果成本增长，他们就会进而转嫁给消费者。"

　　因此，如果联储提高利率，会直接增加消费者贷款和信用卡成本，商品和服务的消费就会减少，进而经济可能放缓，至少在联储提高利率的时候，经济增长速度不会很高。

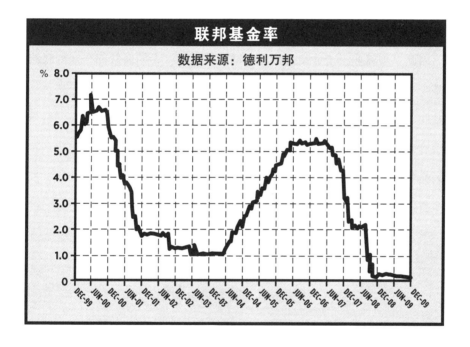

　　尽管联邦公开市场委员会提高利率的幅度很小，但对于一部分人影响却很大，"联邦基金利率的一小点变动可能就是压死骆驼的最后一根稻草，能够让一个家庭深陷沉重的负债。"曾特纳说。同样，联邦基金利率下降对于很多严重负债的人就是救命稻草，这样就表示每个月的还贷额度降低。

## 投资策略

投资者应密切关注联邦基金利率，因为联邦公开委员会如果决定改变利率，可能就意味着银行的某些业务甚至会停滞。

利率也部分决定股票和债券的价格，总体来说，低的联邦基金利率代表债券升值，股票也可能升值，因为当贷款成本降低，就表明要付给银行的钱减少，利润升高。

因此，当就业、工业呈现糟糕的经济状况时，人们通常都会期待联储降低基金利率或者至少不再提高利率，进而会导致债券和证券市场走高。

联邦基金利率很难预测，但值得一提的是，自从"二战"以来，每一次经济衰退，最后都出现联邦基金利率大幅度下降，但在20世纪60年代、70年代、90年代和2000年之后的几年，美联储下调利率的措施实行得太晚，没能避免衰退的发生，本节的图表展示的就是2008年和2009年的一次这样的衰退。

### 总结参谋：联邦基金利率

·**资料发布时间**：联邦公开市场委员会至少每六周召开一次会议，召开会议当天的下午2：30发布数据，可以在网站www.federalreserve.gov/fomc 上查看会议日程。

·**资料来源**：登录 www.WSJMarkets.com 找到 Market Data Center（市场数据库），在 Bonds, Rates & Credit Markets（债券利率和信贷市场）

下拉目录中点开 Consumer Money Rates（消费者利率），找到 Federal Funds rate target（联邦基金）。

圣路易斯联储的联邦储蓄经济数据库（FRED）也可以查看联邦基金指标历史数据（也可以查看其他很多利率数据和其他数据），在公开市场委员会发布信息后，数据库立刻就会更新。

要想了解对于未来联邦基金利率的预测，可以参考联邦基金前景指数，克利夫兰联邦网站 www.clevelandfed.org/research/data/fedfunds/ 提供了详细描述。

- **资料看点**：联邦基金利率上调 / 下降。

- **数据解读**：经济很可能放缓 / 加速增长。

- **应对措施**：卖出 / 购买制造业股票，同样可以考虑在下一轮经济风暴中能够毫发无伤的公司股票。

- **风险等级**：低。

- **潜在收益**：$。

# 28 生育率

## 领先指标

虽然不能说性爱让世界运转，但也差不离了，做爱带来的新人口，将在之后的几十年影响消费模式。

因为人们作为一个群体，总是会根据自己的年龄追随特定的生活方式，例如，美国人都是在二十多岁快三十的时候结婚生子，同时会考虑买房，然后等待他们的孩子长大成人，离开父母，于是父母开始存钱准备养老。

但每一代人的规模大小不同，第二次世界大战之后，美国出现生育高峰，也就是所谓的婴儿潮，人口数据的这一高峰影响了20世纪后半期的许多风向，甚至影响到21世纪初期。

"婴儿潮一代都已经养大了自己的孩子，开始准备养老，现在都已经逐步退休。"《2010大崩坏：更大的一波萧条即将来临，你准备好了吗？》的作者哈利·登特说道。登特在研究生育趋势，用人口统计学行话叫做"生育率"，值得一提的是，婴儿潮之后的下一代，通常称为"被遗忘的一代"，数量明显减少。

因为每一代的人口数量不同，因此社会总收入在经济不同领域的分配会出现剧烈转变，例如，在婴儿潮年代，医疗保险的花销明显增长。有关类似的消费模式的研究总能引起经济学家和投资者的关注。

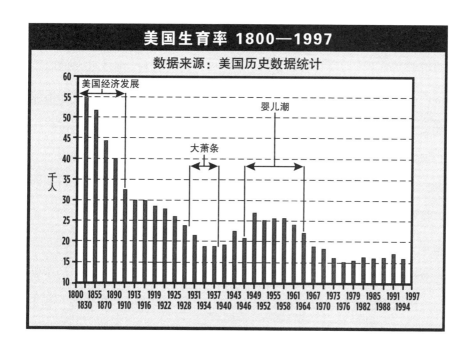

有关生育率的另一个事实是，随着国家变得富有，生育率就会下降。此外，随着人变老，儿女们也会慢慢有空闲来照顾老人。这两个问题对于发达国家来说都不是问题，因为从某种程度上说，法律保护儿女们可以放下工作照顾老人，并且社会养老保险也比较完善。

因此，在人们较为富有的经济体中，家庭规模会比较小，并且有更多的自由资金用以花费在教育、汽车和房产上。

## 投资策略

生育率对于投资者有重要的预示作用，特别是有关资产分配方面。例如，登特指出，如果人口统计数据显示对美国医疗产业有利，那么相关的股票就值得投资者冒风险投资。理由如下：大多数人随着年龄的增长，就会增加医疗开支，婴儿潮也一样，从比例来看这一代的人口要多得多，所以医疗产业也必须快速发展，超过整体经济发展速度，才能满足这一代人的需求。

公开上市交易的医疗产业股票就会从这种趋势中获益，因此人口统计学建议投资者可以考虑将一部分资金投入医疗行业股票。但与以往一样，还有其他很多因素在起作用，因此投资者应当在作决策前多作调查。

登特还认为，人口的这个高峰可能导致总储蓄率上升，这背后的逻辑很明显，随着人们越来越接近退休年龄，他们会增加储蓄，这不稀奇，婴儿潮一代的父母也一样。但如果不是出现了这样的人口高峰，也许对经济不会有这么明显的影响。但如果现实情况不是这样，那么就说明这些钱是被他们的下一代——"被遗忘的一代"花掉了。

但事实的数据中，出现了这样的储蓄增长高峰，就说明下一代的消费并没有抵消婴儿潮一代的储蓄。

登特认为储蓄率的上涨对于美国经济是不利的，高储蓄率在他看来表示相当长一段时间的低增长和萧条的股票市场，至少要持续10年，到2020年。

在我们看来，储蓄率的净增长也同样意味着有更多的资金用来投资，经济学家总是在告诉人们，总体来看，储蓄额总是和投资额相等。

确实，用来投资的资金和用于消费的资金最终去向是不同的，但问题的关键是这些钱到底去了哪里，如何跟随。因此你需要参考其他的经济指标，特别是查看耐用品商品的订单，看看是否出现了机器设备投资增长。

---

**总结参谋：生育率**

• **资料发布时间**：生育率数据的延迟较大，各国情况不同，所以要尽量参考最新数据。

• **资料来源**：美国1998年以前的数据可以查看历史数据来源，最近的数据可以登录美国国家卫生统计中心网站 www.cdc.gov/nchs/ 查看，特别是美国每年健康状况报告。要查看其他国家的数据，可以登录 www.nationmaster.com/graph/peo_bir_rat – people – birth – rate 查找，或者登录中央情报局世界各国概况网站 www.cia.gov/library/publications/the – world – factbook/rankorder/2054rank.html.

你可以参考哈利·登特的书《2010大崩坏：更大的一波萧条即

---

将来临，你准备好了吗？》，我们并非推崇他所有的观点，但他的确说明了生育率数据如何帮助投资者选择投资方向。

· **资料看点**：人口统计变化，特别是生育率的变化。

· **数据解读**：未来的整体需求和对个别商品服务的需求可能出现变化，例如教育或者医疗。

· **应对措施**：在生育高峰的一代上了年纪但依旧有消费能力的时候买入医疗行业股票，在生育低谷的一代将入学的时候购买高价教育股票。

· **风险等级**：高。

· **潜在收益**：$$$。

# 29 人均国内生产总值

## 同步指标

我们怎么判断自己是不是比以前富有了？最好的判断指标之一就是人均国内生产总值，换种方式解释，就是平均每个人赚取或者说生产了多少财富。人均国内生产总值数目越高，说明这个国家国民平均富有程度越高。这项关键的指标其实不需要过多解释，还是举个例子吧，一个世纪以来，在2010年中国的国内生产总值总量终于超过了日本，但这就表示中国人比日本人富有吗？并非如此，中国略高一筹的 GDP 是需要均摊到庞大的人口头上的。

重要情报局官方估计，两个国家在2009年生产总值都是大约5万亿美元，但关键问题是日本只有1.3亿的人口，而中国有13亿，因此日本的人均国内生产总值是中国的10倍。

"就像医生通过听病人的心跳速率判断他的健康状况一样，经济师通过观察人均国内生产总值来判断经济的健康状况，"匹兹堡的 PNC 金融服务集团的资深经济师罗伯特·戴说，"人均 GDP 高的国家经济就更为发达。"

戴表示，人均国内生产总值是生活标准的决定性因素，总体上说，人均 GDP 高的国家国民生活标准也会相对高一些。

他也提醒我们，另一个重要的因素是收入分配，总收入是否基本上平均分配给每个人，还是收入都集中在少数人手中，而大多数人依旧过着清贫的日子，很显然这两种状况不可同日而语。

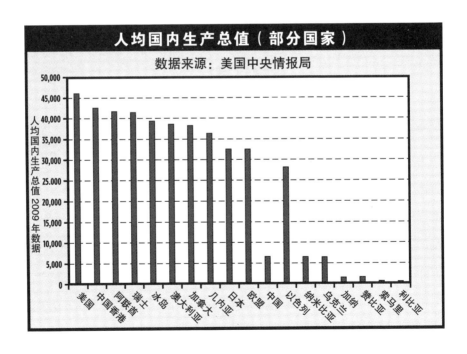

衡量收入分配公平程度的最好指标就是基尼系数，数值为零表示收入

基本平均分配，数值为1（或者有些以100为满分）表示所有财富归一人所有，其他人什么都没有得到。这两个极端数据都没有出现过，即便在共产主义国家或者萨达姆专制的伊拉克也都没出现过。大部分国家的基尼系数在0.15~0.45之间，表示收入分配较为平均。一个国家的收入分配较为平均（基尼系数低）表示这个国家政治较为稳定，比起那些收入集中在少数人手中的国家，这些国家有更好的商业活动环境。

## 投资策略

随着一国越来越富有，本国国民就有钱买得起生活必备品之外的消费品。"如果你一天收入只有一美元，基本上除了食物就没钱买别的了，"戴说道，"但如果你越来越有钱，就会开始花钱购买享受品。"

这里的"享受品"我们指的是鞋子、服饰、灯泡之类的，这是一个过程，我们是逐渐让自己的生活变得更为舒适，因此，国民越来越富有的国家就给产品提供了更多市场，形成了一种日益增长的消费文化。

同样需要我们警惕的是，要关注国家的法律架构，总体来说，完善的商业法律体系才能保障财产权，把腐败现象降到最低。

人均国内生产总值垫底的国家通常到现在都还是主要从事粮食生产和低产值的工业。如果想要提高自己的排名，就必须开展一些高增值的商业。需要警惕的是那些通过政府政策推动发展，从而取得高速经济增长水平的国家，20世纪70年代的智利和60—90年代的韩国就是如此。

大体上说，投资者喜欢到增长速度快、法律环境好的地方投资，但不论怎么说，潜在收益越高，风险就越大。所以如果想减少直接投资新型经济体的风险，特别是直接投资当地股票的风险，可以选择投资在当地开展生意的大型公司，例如美国的一些跨国公司。

### 总结参谋：人均国内生产总值

·**资料发布时间**：每年1月、4月、7月和10月的最后一周，在美国东部时间上午8：30发布第一轮估算数据，一个月以后发布第一次修正结果，再一个月后发布第二次修正结果，因此基本上每个月末都可以看到有关人均 GDP 的数据估算。

·**资料来源**：《华尔街日报》记者密切关注人均国内生产总值，在数据发布后，《华尔街日报》记者会在其网站 WSJ.com 上整理发布消息。

此外，MeasuringWorth.com 网站每年发布美国和英国的数据，想要查阅其他国家资料，可以登录 www.nationmaster.com 查找，或者登录中央情报局世界各国概况网站 www.cia.gov. 经济合作与发展组织（OECD）在其官网 www.OECD.org 上也提供相关数据，另外还可参考世界银行 www.worldbank.org 了解各国情况。

·**资料看点**：人均国内生产总值在增长，收入不平等水平较低或呈下降趋势，行政廉洁公正的环境。

· **数据解读**：经济将快速增长。

· **应对措施**：购买在新兴市场投资的跨国公司股票，如果不怕风险，可以直接投资当地公司股票。跨国公司指那些在全球都有业务的大公司，例如百事、通用汽车公司、卡特皮勒公司等。

· **风险等级**：中或极大。

· **潜在收益**：$$ 或 $$$$。

# 30 伦敦银行同行拆借利率

## 领先指标

（另参考信贷可获性振荡指数和泰德利差）

有时候你可能觉得银行不信任你，其实你不用觉得困惑，因为有时候它们彼此也不信任。

我们通过了解银行之间短期无担保放贷利率衡量这其中的信用问题，无担保放贷指的是除了信用可靠度，没有其他担保从银行获得的贷款。

这种条件下银行之间贷款利率的百分数就被称为"同行拆借利率（Libor）"，由英国银行家协会（BBA）每日发布，所以又叫做"伦敦银行同行拆借利率"。

伦敦盈丰财资市场首席市场战略师阿什拉夫·拉伊迪告诉我们，同行拆借利率上涨表示基金可获性降低，整个金融系统压力增大，或者简单说，同行拆借利率上涨表示银行之间资金流通不顺畅。"当同行拆借利率每日上午11点重新设定的时候，银行间资金流动的脉搏就会跳一下。"他说道。

同行拆借利率是根据10种货币计算，包括美元、澳元、加币、新西兰元、英镑、瑞士法郎、日元、丹麦克朗和瑞典克朗等。利率同时也按照贷款期限长短分类，从一天到一年不等，总之，数据十分庞杂。

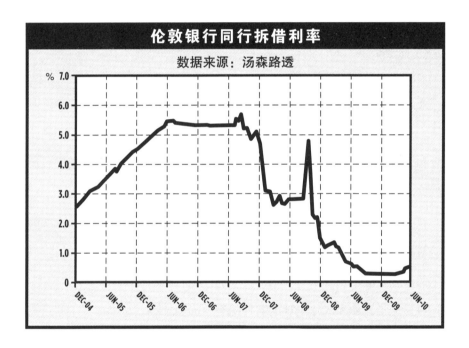

官方拆借利率历史数据从1986年开始，那一年英国银行家协会帮助将这一利率数据标准化，这一时期正值利率互换这个新的衍生品出现，因此这项指数的创立显得格外重要。

同行拆借利率的含义不仅仅是银行之间的信用看待问题，它也是其他很多针对消费者和企业可调节利率贷款的基础，包括浮动利率抵押贷款。

仅仅这一个原因就足以凸显 Libor 利率的重要性，对于大多数消费者来说，房贷通常是每月的最大开支，当贷款利率暴涨的时候，人们可供其他消费的资金就大大减少，甚至让一部分人都支付不起房贷，这引起的问题和麻烦不言而喻。

## 投资策略

通常情况下，伦敦银行同行拆借利率和普通利率一样，在经济衰退时期下降，在繁荣时期上升。这背后的经济学原理很简单：经济繁荣的时期，消费者和企业的贷款需求上涨，就会推动利率上调。经济衰退时就相反，想贷款的人和贷款数额都减少，利率进而下降。

在金融危机时期，同行拆借利率最能提供一些预见性的东西，在2008年经济衰退之前，Libor 利率跟人们预计的一样下降，但在那年秋天信贷危机发生的时候，利率出现了一个回弹。

拉伊迪说，像2008年出现的这样的利率回弹，表示金融体系中缺乏资金流通，也代表出现风险溢价，即在市场出现大量不确定性的时期，出资贷款的一方要求提高还款额。当这种恐慌气氛消散之后，同行拆借利率重新回到低位，表示银行体系恢复常态。

## 总结参谋：伦敦银行同行拆借利率

· **资料发布时间**：每日发布。

· **资料来源**：登录 www.WSJMarkets.com 找到 Market Data Center（市场数据库），在 Bonds, Rates & Credit Markets（债券利率和信贷市场）下拉目录中点开 Consumer Money Rates（消费者利率），找到 Libor 利率。

此外，英国银行家协会专门设立网站提供同行拆借利率消息，网址为 www.bbalibor.com，你可以在上面下载各种货币的当前和历史数据，该协会还专门注册了推特 twitter.com/BBALIBOR. 需要注意的是，英国银行家协会专门强调，此项数据只供个人使用，不能用作商业用途，不过这并不影响我们的查阅和使用。

另一个可以获取数据的来源是神奇经济数据库 www.economagic.com/libor.htm.

· **资料看点**：同行拆借利率上调／下降。

· **数据解读**：经济在加速增长／放慢步调，或者银行因为市场不确定性要求提高风险溢价。

· **应对措施**：如果利率的变化与经济循环同步，跟随循环进行投资，在出现利率回弹峰值的时候投资现金。

· **风险等级**：中。

· **潜在收益**：$$。

# 31 M2 货币供应量

## 领先指标

(另参考信用利差)

M2是用来测量经济流通中的货币量，我们个人算清楚自己有多少钱很容易，但要算清楚整个经济中有多少钱可就没那么容易了。首先"钱"这个词对于经济学家来说是很模糊的概念，它不仅包括纸币和硬币，还包括银行资金账户。这里问题就开始变复杂了，因为有一些资金账户虽然不是银行账户，但与银行账户作用相同，但有些银行账户却因为这样那样的原因，有时候不能算在"钱"的概念里。

因此经济学家发明了各种测量经济中货币量的方法，从最狭义的M0货币供应量到最广义的M3货币供应量，分成等级，M2货币供应量也是测量经济中货币量的相对广义的概念，它包括纸币供应量、硬币供应量和银行支票及储蓄账户资金数，而且并不是所有的银行账户都涵盖在内，只包含那些资金书目少于10万美元的账户。此外，一些非银行账户，例如二级货币市场共同基金，也包含在内。

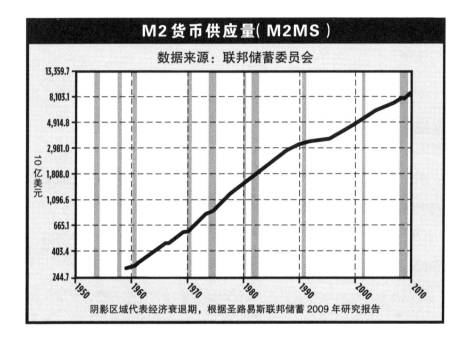

美联储可以直接影响M2货币供应量的大小，因为它可以凭空变出钱，也能把钱都变没。它是通过买卖政府基金和类似金融产品来完成这个魔术的，当联储卖出国债，用来换取现金，通过这样的手段就能减少经济中的货币流通数量和供应量。相反，当联储用现金购买国债，就给经济流通注入现金，扩大货币供给，也就扩大了M2货币供应量。

通常，联储通过增加 M2 货币供应量加快经济发展，通过减少 M2 来减缓经济发展速度。但不仅仅美联储能够控制经济流通中的货币量，其他商业银行如美国富国银行和美国银行也可以通过放贷和开支票账户的手段，制造和销毁钞票和存款。在经济扩张年间，随着经济增长，银行的放贷更为宽松，但在经济不景气的时候又提高贷款门槛，总有点晴天送伞、雨天不管，落井下石的意味。

## 投资策略

M2 货币供应量可以帮助我们预测经济是即将陷入一轮衰退还是即将从衰退中脱离出来，虽然这种预测并不是万无一失的，但如果通过谨慎参考，你可以大概推测未来走向，而不是坐等 GDP 数据出炉，因为等到那时，经济早就走过了扭转点。

这项指数的运行规律是，当 M2 货币供应量增长速率加快，经济扩张；当 M2 增速下降，经济紧缩。例如，美国经济在2001年3—11月期间处于衰退期，在此之前的1999年，M2 货币供应量增速就开始大幅度放缓，到了2000年，他的增速不及1997—1999年的平均水平，在2001年的衰退当中，M2值又回升，在经济复苏之前就表现出回弹。

对于投资者，这项指数的价值就在于可以让我们提前预测经济前景，有足够的时间调整自己相关的投资策略，投资那些在经济复苏早期就走势不错的领域，通常是成长型股票和小型企业。但这也不是万无一失的，"广义货币的增长率并不是衡量名义需求或者 GDP 情况的最完美指标。"格林威治的交易公司 MKM Partners 研究主任迈克尔·达尔达在2010年的研究报告中这样写道。

为什么如此？因为货币在经济中的流通速度（也被称为"货币周转速度"）变化不定，经济学家认为慢的货币周转速度对经济的影响很小，而快的货币周转速度才更有影响。为进一步解释，达尔达举例说，例如20世纪90年代初期的经济复苏早期，和1937年大萧条的第二轮衰退期，货币周转速度都急剧下降，这时 M2货币供应量的数据就称不上是可靠的预测指数。

但他也提出，在1960—1989年间，M2货币供应量指数和 GDP 增长指数联系密切。最简单的概括就是，随着企业贷款成本相对于政府贷款成本下降（也叫做"信用利差"），货币周转速度就加快。

---

### 总结参谋：M2货币供应量

· **资料发布时间**：每周四美国东部时间下午4：30发布上两周数据。

· **资料来源**：登录 www.WSJMarkets.com 找到 Market Data Center（市场数据库），在 Calendars & Economy（财经日历）下拉菜单中点开 U.S. Economic Events（美国经济事项），找到 Money Supply（货币供应量）。

其他的数据来源有美联储的官方网站和圣路易斯联储的联邦储蓄经济数据库（FRED）。

· **资料看点**：M2指数上升／下降。

· **数据解读**：经济增长加快／放缓。

· **应对措施**：考虑股票（流动资产，比如现金），因为经济可能正在改善／恶化。

· **风险等级**：中。

· **潜在收益**：$$。

# *32* 新房销售

## 领先指标

（另参考现房销售、住房开工率和合同房销售）

很多美国人的美国梦就是拥有自己的房子，一些人甚至梦想买一个全新的从来没有人住过的房子。

佛罗里达维斯研究公司的房地产分析师麦克·拉森解释说，新房销售并不是房产市场的大头，却是未来经济活动的良好领先指标。

新房通常占房产总数的15%~25%，其他的部分是现房或者说是二手房。拉森指出，在2010年房产泡沫破裂时期，新房的比例下降到5%，但他推测这一数字会恢复到标准水平。

新房销售之所以成为领先指标，因为新房通常是在建好之前就已经开始销售，新房销售数据衡量的是合同签订情况，而不是现房销售那样衡量的是房屋钥匙交递到新主人手里的情况。

如果有消息说在某个月新房销售量为上千套，就说明未来将会出现房屋建造的经济活动，就意味着要雇佣工人，建房所需的木材、地板砖、天花板材料、电线，还有你能说上来的其他很多东西，都需要工厂生产、运输，在建造之前还需要库存。

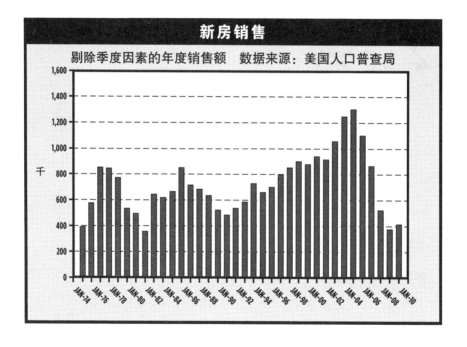

所有的这些活动都会带来国内生产总值的增长，因此新房销售的增长也就预示着好的经济形势。同样，持续下跌的新房销售也意味着经济衰弱。

各类房屋，不论是公寓、阁楼还是整栋房子，对于大多数人都是需要借钱或贷款才能支付得起的大开支，因此购买者只有对自己保住工作的能力有信心，或者对自己的其他收入来源有信心，才会考虑贷款购买新房。强劲的房产销售态势，不论是新房还是二手房，总是与强劲的就业市场态势同步。

## 投资策略

本节所附图表中的数据，就证明了强势上涨的新房销售预兆着进入良好经济时期的说法。仔细看图表中的数据，你会看到新房销售额在经济衰退前就已经开始走低，在经济复苏之前就已经回弹。

这项指标同样可以用来判断房产市场的走向。

拉森告诉我们，在人口统计局每月发布的新房销售数据中，我们希望看到的理想数据，就是房屋的价格适中，所剩新房较少（代表新房供给水平），贷款利率较低。所有的这些都会指向新一轮房产销售涨势。

除了房屋年销售额，新房销售指数还给我提供了很多其他有用数据。你可以知道新房的平均价格和中间价位，还有各个价位区间的房屋销售量。同样，还有待出售房屋的数量，代表着接下来几个月的新房供给水平。不仅仅如此，数据还包括分区域的销售情况，拉森特别指出南部和西部的数据最为重要。

通过所有这些数据，我们就能了解各个房产公司的运行情况，他们开工的地域和建造房屋的价格区间，这就能帮助我们决策到底要投资哪家房产公司的股票。

此外，如果投资者不想投资个支股票，就可以考虑标普营建股上市交易基金，其中涵盖了一篮子房产建筑类股票。

"强势的新房销售数据对于家具市场、房屋瓷砖市场、房屋建筑、水龙头制造商和其他像惠好这样的木材行业生产商都是好的标志。"拉森补充说道。

---

### 总结参谋：新房销售

· **资料发布时间**：大约每月的25日，美国东部时间上午10：00，发布四周前的月度数据。

· **资料来源**：《华尔街日报》记者密切关注新房销售情况，在其相关数据和产能利用率数据发布后，《华尔街日报》记者会在其网站 WSJ.com 上整理发布消息。

如果正是你想要的数据，可以登录"华尔街日报在线"www.WSJMarkets.com 的"Market Data Center（市场数据库），找到 Calendars & Economy（财经日历）板块，点开 U.S. Economic Events（美国经济事项），找到 New Home Sales（新房销售）。

此外，你也可以在人口统计局网站 www.census.gov/newhomesales 找到新房销售情况。

· **资料看点**：新房开工率的上升／下降。

· **数据解读**：经济增长在加速／放缓。

• **应对措施**：买进／抛售房地产股票和基金，或者提供建房原材料的公司股票。

• **风险等级**：中或高。

• **潜在收益**：$$ 或 $$$。

# 33 费城联储 ADS 商业环境指数

## 同步指标

（另参考每周领先指标和费城联邦商业前景调查）

费城一直把自己视为充满兄弟之爱的城市，给投资者提供了很多福利。作为美国中央银行一部分的费城联储，会出版发布一系列经济指标。

虽然《独立宣言》宣称人人平等，但这些指标的地位还真是不平等，费城联邦提供的众多经济指标中，有一项独立出众，那就是 ADS 商业环境指数。它的全名 Aruoba - Diebold - Scotti 商业环境指数很难念也很难记，所以通常我们都将其简称为 ADS。

这项指标包括一系列数据，混合在一起，就构成了一项时效性极高的解读经济的指数，并且至少每周发布一次，这对我们大多数投资者来说节约了很多自己收集资料的时间。

其数据来源包括季度产量综合数据、失业率、工业产量、减去转移支付
之后的个人收入、制造业贸易销售额和 GDP 增长数据。

"ADS 指数就是把所有的这些综合起来，成为一项有解读意义的数据。"
费城联储实时数据研究中心主任基斯·西尔斯告诉我们。

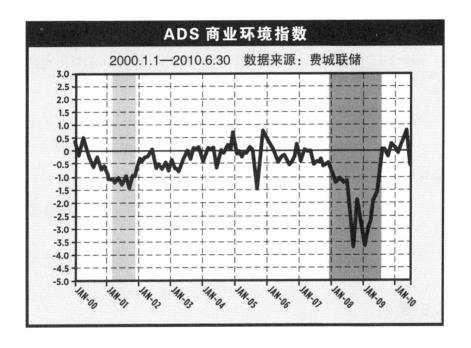

注意：我们采用了成书时的最新数据——2010年7月2日之前的数据，
包括：①2010年6月26日之前的一周第一次发布的失业情况；②2010年整个
6月的就业人数；③2010年5月的工业生产；④2010年5月的个人实际收入；
⑤2010年4月的实际制造业和商业销售额；⑥2010年第一季度实际GDP总额。

浅灰色阴影区域表示国家经济分析局判定的历史衰退期，深灰色区域代表最近的一次衰退，美国国家经济分析局断定2007年12月是起始时间，但官方未发布结束日期，本书作者根据所知道的信息，认为结束时间为2009年7月，但我们用深灰色表示非官方数据。

费城联储的经济学专家用自己的综合计算方法，让低频数据（例如GDP的增长）的影响和高频指数（例如每周失业保险数据）的作用天衣无缝地结合起来，让这项指数更容易解读。

与费城联储的另一个指标"商业前景调查"不同的是，ADS指数关注的是整个经济状况，前景调查主要关注费城联储的某一特定区域。另外，ADS商业环境指数的数据发布相当频繁，至少一周发布一次，有些时候更多。因此对于经济分析师来说更具有时效性，而不像GDP等数据，一个季度才能到手一次。

## 投资策略

ADS指数的解读非常简单，数据的中间平衡值为零，高于零表示经济形势好，负值表示经济走低。

ADS商业环境指数可以用来比较不同时期的商业环境状况，例如本节图表显示的2008—2009年出现的 –3.0的数值，在1990—1991年和2001年的衰退中也从未出现过，那时的数值也从来没有跌破 –2.0。

这项数据解读也存在一些例外的情况。有时候费城联储会重新调整平衡值零的位置，这就意味着，如果你要对比 ADS 的历史数据，就要注意哪些阶段是处于一个平衡值标准阶段，什么时候又进行了新的校准。

西尔斯指出，这项指数的历史数据可以一直追溯到1960年，中间有多次经济循环需要我们观察和比较，对于 ADS 指数最好的解读方法就是比较校准标准相同时期的数据。

对于新手经济预测师来说可以成为好消息的是，费城联储把 ADS 数据的历时情况都总结成图表，并且把经济衰退期的数据都标出来，让投资者能够很容易找出衰退期前后 ADS 指数的走向。

---

### 总结参谋：费城联储 ADS 商业环境指数

· **资料发布时间**：每日。

· **资料来源**：ADS 商业环境指数的数据可以在费城联储实时数据中心免费查看，网址 www.phil.frb.org/research‐and‐data/real‐time‐center/.当任何影响因素数据发生变化时，ADS 指数就会更新。

· **资料看点**：ADS 指数在上升 / 下降。

· **数据解读**：经济增长在加速 / 放缓。

· **应对措施**：买进 / 卖出风险较大的投资，例如股票和高息债券或风险债券。

- **风险等级**：中。
- **潜在收益**：$$。

# 34 费城联储商业前景调查

## 领先指标

（另参考费城联储 ADS 商业环境指数）

设想一桶看似卖相平平的冰淇淋，当你打开发现里面撒满果仁和焦糖，全都是你爱吃的东西，还有好多东西你虽然没吃过，但咬上一口就会立刻喜欢上它们的味道。

费城联储商业前景调查就像这么一桶冰淇淋。对于那些不怕费功夫希望得到最细节数据的人来说，这是不能错过的指数，堪比美国版的日本经济短观调查。（费城联储还发布 ADS 商业环境指数，投资者也应密切关注。）

表面上看来，商业前景调查数据似乎很单调，因为它是关于制造业领域的调查，并且仅仅涵盖了宾夕法尼亚东部、新泽西南部和整个特拉华州三个地区的经济情况，但可千万别因此就觉得这项指数无关紧要。

它的第一个有诱惑力的地方就是数据本身十分简洁，通常叫做"扩散指标"，是衡量调查对象，也就是这些区域的工厂主对于某一话题的看法。它的标题指数就是大家对于这个问题的看法："你对总体商业活动情况的评价如何？"这项指数调查的不仅仅是人们对当前的经济状况，还包括对未来六个月内经济好坏的评价。该指数高于零表示制造业增长和扩张的态势，而低于零表示紧缩态势。

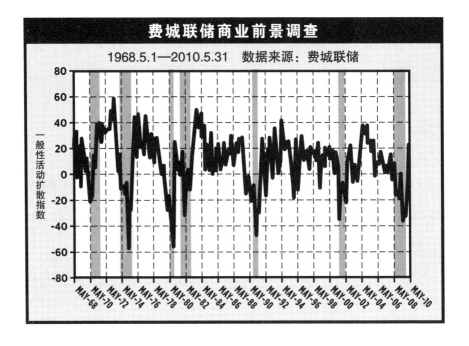

这项指数的精华不仅如此，除了整体的扩散指标，还有一些具体的话题，涉及经济的各个具体领域：新订单、航运、未发货订单、运输时间、库存、

支付价格、所得物价、就业率、平均工作时长和资本开支。

"我最感兴趣的部分是那些与经济循环紧密相关的指数。"地处夏洛特的银行业巨头富国银行的经济师蒂姆·昆兰这样说道。

例如在经济复苏早期，昆兰就关注有关就业和工作的数据，在新雇佣开始前，工人就已经开始加长工时，昆兰认为雇主的心理是"先让现有的全职员工尽可能加长工作时长，再考虑雇佣新的员工"。

这就意味着工作时长的增加是一项重要的领先指标，先于整个经济而变化。

## 投资策略

虽然扩散指标的水平位置很重要，但更要和之前一段时间的数值进行比较，例如，虽然指标显示是 +3，但如果是从先前的 +27 下落到当前数值，就是一个值得我们焦虑的预兆。

同样，如果指数显示 –5，但是从先前的 –30 上升到当前位置，那么就是一个积极的标志，特别是这种回弹代表了经济走势转折点的时候。

如果你深挖这项指数的其他细节指标的变化，就可以预测哪些股票将会走势良好。

昆兰表示，他喜欢参考新订单指数。"如果指数在上涨，我认为表示企业开支有一个相应的上涨，稍后工厂订单和生产资料也将出现增长，"他解释说，"在正常的经济循环当中，这些就意味着这个区域的制造业的利润将提高。"如果其他的指标也给出相同的指示，那么就可以考虑购买这些区域的一些公司股票。

昆兰也提醒我们，虽然这项调查很不错，但它只是衡量制造商的观点，而不是通过实际测量得出的硬数据，制造商对未来六个月前景的看法并没有当前的实际数据可靠。

但人们的观点和心理依旧是商业界的重要驱动力，如果人们的信心指数降低，那么也就不太可能出现强势的经济增长。

### 总结参谋：费城联储商业前景调查

· **资料发布时间**：每月第三个周四美国东部时间10：00发布。

· **资料来源**：你可以登录"华尔街日报在线"www.WSJMarkets.com，找到 Market Data Center（市场数据库）下面的 Calendars & Economy（财经日历）板块，点开 U.S. Economic Events（美国经济事项），找到 Philadelphia Fed Survey（费城联储）。

此外，如果你想查看完整报告，费城联储每个月都会发布在网站 www.phil.frb.org/research - and - data/regional - economy/business - outlook - survey/ 上。

· **资料看点**：扩散指标的上升／下降。

· **数据解读**：经济增长在加速／放缓。

· **应对措施**：考虑／避免股票或高收益公司债券等风险资本

投资，卖出／买入政府债券或现金等保险投资。

对于更敢于冒风险的投资者，可以参考细节指标挑选特定领域可投资的股票。

- **风险等级**：中或高。

- **潜在收益**：$$ 或 $$$。

# 35 实际利率

## 领先指标

想要看清楚联邦储蓄的政策立场一直都是件让人抓狂的事情，联储官员和各部门领导的宣誓证词更是让人一头雾水，让人觉得经济学果真是一门沉闷的科学。

其实不必为此烦恼，通过调查跟踪实际利率，你就能判断联储将要采取什么行动，这个方法简单有效。

"这种方法可以有效地衡量货币政策的适应性。"费城投资银行詹尼蒙哥马利斯科特证券评级机构资深固定收益战略师盖·雷巴斯告诉我们。

要想知道实际利率的数据，我们只需要把名义利率根据通货膨胀的削弱作用重新调整计算就可以得出：实际利率＝名义利率－通胀率。换句话说，就是你投资的政府债券等到本息归还的时候归还的本息加起来所能购买的东西还没有现在这笔钱购买的多，就说明实际利率为负值。如果将来的钱能购买更多商品服务，就说明实际利率为正值。

这意味着什么呢？首先，知道实际利率为正值还是负值能让你更好地了解联邦储蓄的政策，特别是联储目前采取的是调整型政策还是限制性政策。

当实际利率为负值的时候，就表明联储采取的是宽松政策，这是为了加快经济发展；如果实际利率为正值，采取的就是紧缩政策，从而减缓经济发展速度。

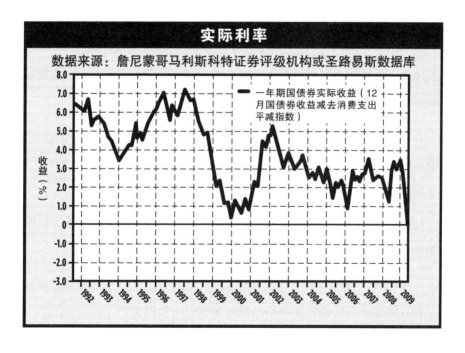

如果实际利率处于低位，就会有更多的人想要贷款，从而促进经济的消

费和投资部分。如果实际利率上升，愿意贷款的人就会减少，从而打击了大家的消费和投资积极性。

## 投资策略

实际利率会在经济扩张时期上升，在衰退期下降，这主要是由货币需求量导致的。在经济复苏之前，随着名义利率持平，通胀预期提高，实际利率就会下降。

历史上曾经出现过几次中央银行降低利率促进经济发展但收效甚微的情况，例如大萧条时期的美国和经济停滞时期的日本（1990年至今）。其实原因很简单，就是因为人们预期将出现通货紧缩，认为物价会下跌，这就导致实际利率依旧保持高位，至少对于激起一场经济复苏来说太高了。

实际利率对于投资者来说很有启示作用。"理论上讲，如果实际利率为负值，你作任何投资都会获益，"雷巴斯说，"但市场短期震荡会影响利润，因此实际情况中这个理论会被打破。"

雷巴斯指出，所有的商业资产特别是工业金属资产在实际利率为负值时期都会表现良好，但他建议不要投资金属公司股票，因为风险太大。

与此相反，雷巴斯认为当实际利率处于高位的时候，是投资债券的好时机，并且他指出美国的实际利率已经很多年一直都很高。

雷巴斯指出的另一点是，计算实际利率的方法有很多，因为很难衡量通货膨胀，他个人比较偏好 GDP 消费者支出平减指数（PCE），因为这项指数已经将消费者偏好考虑在内。

"消费者物价指数（CPI）的计算是假设一个人一年前买一篮子东西的钱今年是否还能再买同样的一篮，但实际上如果布里奶酪的价格涨了，大家就会去买斯提尔顿的奶酪。"

---

### 总结参谋：实际利率

· **资料发布时间**：每日发布，或者跟随实际利率和通胀新数据发布。

· **资料来源**：你需要两类数据来计算出实际利率：用名义利率减去通胀率，你可以选择各种通胀率的计量方法，CPI、PPI、GDP 消费者支出平减指数（PCE）或者其他的都可以。

你也可以在圣路易斯联储的联邦储蓄经济数据库（FRED）上找到相关数据，另外还能查看财政部通胀保值债券（TIPS）的数据，网站地址 http://research.stlouisfed.org/fred2/categories/82. 正常市场条件下，通胀保值债券可用来直接衡量通胀预期。但在市场处于非正常状态，例如2008—2009年的信贷危机时期，通胀保值债券贬值过于迅速，不能用来推测通胀预期值。

· **资料看点**：实际利率的上升／下降。

· **数据解读**：经济在近期将萎缩／增长。

· **应对措施**：当实际利率为负值，购买硬资产，但要小心市

---

场短期震荡。在实际利率为正值的时候购买债券，此时名义利率将会走低，鼓舞债券市场。

- **风险等级**：中或高。

- **潜在收益**：$$ 或 $$$。

# *36* 空头净额

## 领先指标

跟一家公司打赌说它开不下去的作风可不像美国人，我们就是一个乐观的民族。但从那些唱反调的人身上，我们也总能学到点儿什么，对投资者来讲，就是要关注那些跟上市公司唱反调的人。这些人通常被称作"空头"，他们借股票下跌之际赚钱，投资者可以把他们的投资活动作为经济指标。

股票做空就是在预计上市股票即将下跌的时候，借货卖出，待股价下跌再买入，把股票归还，从而赚取差价。也就是说，他们不是低买高卖，而是高卖低买。

一家公司被看空的股票总额，就叫做"空头净额"。更准确地说，空头净额不是一项经济指标，而是一项投资指标。但我们这本书把这项指标涵盖进来，是因为投资指标和经济指标联系密切，并且本书的宗旨就是讲那些可以帮助投资者赚钱的指标，因此这项投资指标当然符合我们的标准。

股票做空引起了公众很多的负面反响，这并不惊奇，因为大多数上市公司的经理都不喜欢有人做空他们的公司股份。政府也会在特定时候临时禁止一部分类别的股票做空行为，例如在2008年的金融危机的时候，政府就禁止做空银行金融类股票。

尽管公众负面意见如此之大，但对于投资者，空头给我们提供了很有用的信息。空头净额是一个反向指标，简单说，如果一支股票很多股份都被卖空，那么这支股票行情就看涨。

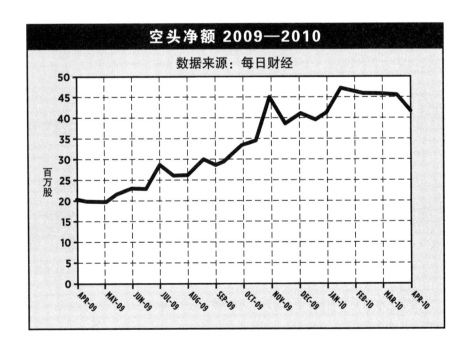

卖空的股数就像一口蓄满潜在购买力的井，被卖空的股份不能一直处于卖空状态，最后空头还是需要把卖空的股票归还。这其中的原因有很多，首先，当你借货卖空的时候，你需要支付借货利息，并且亏欠债主所有的股票份额价值。此外如果股票价格上涨，那么股份债主就可能让空头抵押财物来弥补损失。

因此，有时候股票出现反弹后，卖空者如果没有足够财物可供抵押，就不得不重新购回卖出的股票，但这一买进行为会进一步促使股价上涨，简单说就是高位空头净额是股市走高的预兆。

**投资策略**

总体来说，大部分股票都是长期走高的趋势，所以不加分别地采取卖空策略不是明智的选择。成功的卖空者都要分析出某支股票将会走低的具体原因，就像2008年很多人成功做空莱曼兄弟一样。

但卖空者很容易判断失误，如果他们失误了，投资者就能够从中获益。

技巧就是要找到一支走势良好、估价稳定的股票，但它的空头净额却很大。纽约 WJB 资本集团的技术分析师阿道夫·鲁埃达告诉我们："这种情况就表示可能有卖空者出现了大失误。"

要判断一支股票的空头净额有多大，就是要根据这支股票的最近交易量，判断需要多少天才能补够空头差额，这样的计算结果就是空头净额比率，例如空头净额比率为2，就说明所交易的股份需要两天时间才能全部买回做空的股票。

作为一个技术分析师，鲁埃达通过分析一支股票的价格走势图来判断是否要买这支股票，然后再根据空头净额数据扩充分析。"通过看 K 线图，找到走势良好的股票，然后再回来看空头净额数据。"鲁埃达告诉我们。换句话说，如果他看到一支股票走势图呈看涨趋势，又发现它的空头净额很高，就可以决定购买这支股票。

这种方法也同样适用于通过公司财务报表分析公司前景的情况，不过鲁埃达也表示，仅根据那些跟随股票市场主要指数的上市交易基金（例如标普500基金）的短期利率，想要得出大量结论是不明智的。

一些投资经理根据这一类基金的信息进行复杂的套期保值投资，但实际上套期保值投资和人们对某项基金指数的预期涨跌是没有关系的，[1]"这种分析中数据依据和结论是不对称的。"鲁埃达表示。

---

1　例如，基金经理可能会认为某一支银行股票的表现会优于其他同类股票，那么就会减少持有一揽子银行证券的 ETF 基金，卖出的收益用来购买表现最优的股票。这样，即便所有的同类股票，包括最终选择购买的股票都发生了价格下跌，但由于所持有股票仍是瘸子里的将军，那么基金经理便可以从中获益。

---

**总结参谋：空头净额**

· **资料发布时间**：每个交易日发布。

· **资料来源**：要查看空头净额相关指数你可以登录"华尔街日报在线"网站 www.WSJMarkets.com，查看 Market Data Center（市场数据库），找到 U.S. Stocks（美国股市）下拉菜单里的 Quarterly/Monthly Snapshots（季度／月度观察），在那儿能够看到最大空头差价股票的列表。

此外，纽约证券交易所和纳斯达克电子证券交易机构也发布空头净额报告，每日财经 DailyFinance.com 和网站 http://shortsqueeze.com/ 也提供空头净额和空头净额比率相关数据。

· **资料看点**：找到管理良好、根基扎实、技术趋势看涨，但空头比率高的股票。

· **数据解读**：做空者可能要吃苦头。

· **应对措施**：买进股票，期待卖空者在借贷卖出前哄抬股价，或者在卖出后不得不再次买进并归还股份。

· **风险等级**：极高。

· **潜在收益**：$$$$。

---

# 37 罗素 2000 指数

## 领先指标

（另参考利率风险结构）

如果你住在美国，那么很有可能你是在一家小公司上班，因为在美国小企业是提供就业岗位的主要来源。但在小企业工作的风险也比在大公司上班大得多。

这一层额外的风险和投资者的态度，能够帮助我们了解更宽泛的经济情况。如果海洋上有一艘巨型战舰，旁边有一只小船，海浪打来，小船剧烈摇晃，大船则纹丝不动，这也就像经济危机来袭的时候，大公司和小企业的差别。

投资者都知道投资小型企业风险高于投资大公司，但在相对公平的经济环境里，小公司的收益也会更大，就如同风平浪静的海面对于小船好处更明显一样。

这就是罗素2000指数所关注的，它衡量了投资者的风险胃纳，从中我们可以推断经济运行状况。具体来说，罗素2000指标跟踪的是2000个中小上市公司，很多关注小型股（资本总额较小的股票）的共同基金经理都以这项指标为基准。

资本总额表示一家公司的总价值，特别是指根据当前股票价格计算公司所有发行股票的美元价值，这是简单的理解。

评定一家公司是小型资本总额的标准通常一直在变化，大多数情况下，我们把公司资产小于10亿美元的公司股票称为小型股。根据罗素2000指数官网的数据，2010年罗素2000指数中涵盖的股票平均市值为4亿美元，换句话说，罗素2000指数所跟踪的股票都是资产小于5亿美元的小型股，这个资产总额在今天看来的确是够小型。

例如通用电力2010年的市值为1,700亿美元，很明显，罗素2000指数中的股票相比之下就小巫见大巫了。

那么我们通过考察这项指数可以得出什么？"如果观察标普500（GSPC）这样的大盘指数呈现上下波动的趋势，而小盘股在上升，那么就说明投资者的风险胃纳扩大。"纽约资产管理公司 Fusion IQ 的手机执行官巴里·里萨兹告诉我们。里萨兹同时也是畅销书《救援国度》（被《纽约时报》推荐并评价为"一册解构错综复杂事件的重要读本"）的作者。

投资者对风险投资的风险胃纳的增加，预示着经济扩张。如果在实际经济活动中，也看到企业在购进新的机器和设备，那么就说明中小型企业运营状况良好。

**罗素 2000 指数**

每周收盘价　数据来源：雅虎金融

投资策略

这项指数存在的问题是，市场有时候可能出现震荡行情，20世纪著名的经济学家约翰·梅纳德·凯恩斯就曾说过："市场延续非理性状态的时间要比你坚持维持不破产状态的时间长。"

因此，里萨兹认为不要根据指标妄下决断。例如，罗素2000指数在2009年年末和2010年年初的时候一度出现突然上涨，一部分原因是投资者风险胃纳增大，另一方面也是因为指数年前曾剧烈下跌。

股票通常在长期下跌之后就会有一次反弹，叫做"技术反弹"，有时也叫"死猫反弹"。但有时候这和实际经济情况与投资者的预期是不相一致的。

里萨兹还表示，市场指数就像墨迹测验，一个结果可以有很多种解释，因此他提出要谨防固步自封，要以开放的心态去解读数据，而不是戴着有色眼镜去看，并且想方设法证明自己想要看到的结果。

因此你最好问自己：所看到的现象是否还有其他的合理解释？是否还有其他数据证明我的结论？这样的怀疑精神不仅对于解读罗素2000指数十分重要，对于解读本书中提到的其他数据也同样适用。

如果你想投资罗素2000指数中的股票，最简单的办法是投资罗素2000指数上市基金（IWM），它跟踪的就是此项指数的数值。

### 总结参谋：罗素2000指数

· **资料发布时间**：不定期发布。

· **资料来源**：要查看罗素2000指数的相关指数你可以登录"华尔街日报在线"网站 www.WSJMarkets.com，查看 Market Data Center（市场数据库），找到 U.S. Stocks（美国股市）下拉菜单里的 Other U.S. Indexes（其他美国指数）。

此外，罗素2000指数的交易价格也在雅虎金融上发布，网址为 www.finance.yahoo.com. 指标的细节数据可以在罗素2000指数的官网 www.Russell.com 查看。

· **资料看点**：罗素2000指数上涨 / 下跌。

· **数据解读**：由于对经济走势的预期，投资者的风险胃纳增大 / 缩小。

· **应对措施**：如果你认为股票开盘的上升 / 下降代表的是投资者情绪的实际变化，而不是技术性反弹，那么购买 / 卖出罗素2000指数上市基金。

· **风险等级**：高。

· **潜在收益**：$$$。

# 38 每周领先指数

## 领先指标

(另参考美国经济周期研究所 JoC 工业价格指数)

这有一个看似不可能完成的任务：要求你做出一项指标，能够准确预测未来整体经济的状况，不仅能预测未来一个月的情况，还要预测出八个月的前景，并且数据要有时效性，让投资者能够在灾难前及时采取规避行动。

曼哈顿的经济周期研究所（ECRI）一直致力于这项任务，在20世纪80年代发明了每周领先指数（WLI）。ECRI 的研究员们每天都在致力于分析经济周期中的现象和原因。

"每周领先指数可以说是20世纪60年代人们提出领先指标之后的产物。"经济周期研究所的常务理事拉克什曼·阿楚森指的是备受董事会称赞的领先经济指标（Leading Economic Indicator，LEI）。

阿楚森表示，每周领先指数的数据来源包括货币供应量、JoC - ECRI 工业价格指数、建筑业活动、就业和劳动力市场指数、期货价格和其他一些债券指数。

经济周期研究所对最初的每周领先指数做出了一些关键性的修正：首先，每周领先指数变为每周发布数据，而不是每月发布，从而更具时效性；此外，除了一项数据，其他所有的数据都一次确认，不再二次修正。

"数据修正就会给经济预测失误一个推脱的借口，"阿楚森说，"所以我们从最根本上排除了这个推脱的借口。"

## 投资策略

很多经济学家的预测存在的最大问题就是，他们会告诉你"一方面看是这样，另一方面讲又会是那样"。

这种对立矛盾的结论就让我们很难明白经济学家到底想表达什么，甚至怀疑他们的结论和预测到底是否有价值。因此，每周领先指数要成为一个经济单向指标，阿楚森解释说："就是要直接给出有关经济周期确定的结论，而不是圆滑地搪塞这么看是这样，那么讲就是那样。"

问题的关键不在于怎么读懂每周领先指数，而是如何解释这些数据。有些人就是误读了每周领先指数的数据，然后误判当前处于经济衰退的起始阶段或者结尾阶段。阿楚森表示，这些误读时常发生，但我们所需要的是一个严格的数据解读方法，而这种方法经常被忽视。

美国经济周期研究所声称他们从没有误判过一次经济周期的位置。和本书的其他指标如 JoC－ECRI 工业价格指数一样，还是需要我们用三条标准衡量，那就是指数出现显著的（大动荡）、持续的、大面积（大部分数据组成部分都发生变化，而不是一少部分）的变动才值得引起我们的注意。

这最后一条标准曾让很多预测师摔跟头，比如1987年证券市场出现了剧烈下跌，使得每周领先指数也开始下跌，但这种下跌并不是大面积的，因为股票仅仅是每周领先指数数据的一个组成部分，因此尽管当时市场上出现普遍的恐慌，经济周期研究所还是冷静并正确地排除了经济衰退即将到来的预测。

并不是所有的经济预测师都这么头脑冷静，但如果每周领先指数呈现出满足三条标准的上涨趋势，就说明7~8个月之后就会出现经济衰退，或者经济衰退结束。

"每周领先指数很客观，没有过分拘泥于某一天。"阿楚森说道。

还需要注意的是，每周领先指数是用来衡量整体经济未来走势的，但JoC - ECRI 工业价格指数专注于工业部门的情况，因此要了解制造业部门的情况，后者更为准确。

---

### 总结参谋：每周领先指数

· **资料发布时间**：每周美国东部时间上午10：30发布。

· **资料来源**：美国经济周期研究所每周领先指标数据在网站 www.businesscycle.com 上免费发布，也值得我们费功夫在媒体上寻找研究所关于经济将要变得景气或疲软的预测。

· **资料看点**：每周领先指数是否出现显著的、持续的、大面积的上涨 / 下跌。

· **数据解读**：经济在近期将增长 / 萎缩。

· **应对措施**：尤达大师会说："如果每周领先指数下降，应该卖出风险投资，屈服于这股力量，让它指引你投向保险性高的债券或者防御性股票。当每周领先指数上升，无可厚非，应进行风险投资。"

---

- 风险等级：中。

- 潜在收益：$$。

# *39* 收益曲线

## 领先指标

就算是对于经济学家，监测美国债券市场也是个极其枯燥的活儿，但如果真有耐心做下去，就可以见到其中丰厚的收益。

但你首先要知道看什么、怎么看。看，是要看长期政府债券（10年期的债券）和短期债券（3个月期的国库债）之间的收益差。

观察利率差就是监测收益曲线，可以帮助我们识别经济循环中的转折点，例如经济衰退的起始点。（两支以上到期债券的收益差就会在图标上呈现一条曲线。）

当收益差呈现负值，也就是说10年期的政府债券收益低于3个月期的债券，那么1年后出现经济衰退的可能性就很大。更有趣的是，如果3个月期债券利率高于10年期债券利率，那么更有可能出现经济不景气。

　　"收益曲线可以说是最棒的经济指标之一了。"加利福尼亚纽波特·比奇的债券基金巨头太平洋投资管理公司（Pimco）中的经济战略师和投资组合经理人安东尼·克林森斯说道。他指出，美国国民经济调查局研究员阿图罗·埃斯特雷拉和弗雷德里克·米什金曾在1995年作过一次调查，详细阐述了10年期债券和3个月期债券收益差如何与未来1年经济活动相照应。

　　为什么这项指数如此强大？克林森斯说，一个简单的解释就是长期债券利率是对短期利率未来变化预测的累加，比如10年期债券利率就是1年期债券利率的10倍。

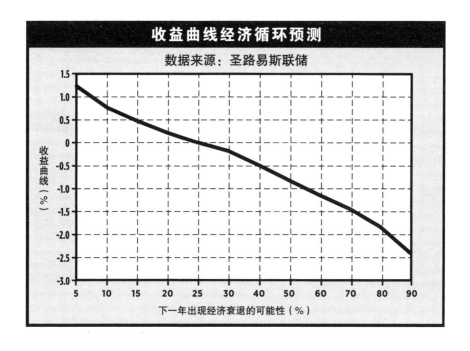

10年期债券利率下降也意味着短期债券利率将要下跌，因为美国中央银行美联储很可能根据经济的疲软状况下调利率。

"可以说，收益曲线是全世界成百上千万投资者的共同判断和预测，"克林森斯说，"投资者的预期都蕴含在曲线表示的含义当中。"

## 投资策略

本节图表显示的是摘自国民经济调查局埃斯特雷拉和米什金1995年的调查研究报告，它显示了随着10年期债券和3个月期债券收益差越大，美国下一年经济出现衰退的可能性就越高。

值得注意的是，当收益曲线处于零的位置，也就是说利率差为零，那么下一年出现经济衰弱的可能性为25%，也就是1/4。当利率差达到 –1.5个百分点的时候，出现萧条的可能性上升到70%。

每周领先指数具有如此的前瞻性，让投资者可以有充足的时间根据所得出的信息作准备。特别是当你侦测到即将到来的经济衰退，克林森斯告诉我们就要考虑从高风险投资转向低风险投资。

这种情况下，投资者应当避开垃圾级的债务投资（即所谓高收益投资），而要选择高质量债券和政府国债，这些会随着利率的下降而升值。

注意避免那些易受经济波动影响的公司股票，例如建筑行业和零售业。克林森斯建议可以购买防御性股票，例如销售生活必需品和打折商品的公司股票。

---

### 总结参谋：收益曲线

· **资料发布时间**：不定期发布。

· **资料来源**：《华尔街日报》每日都会刊登收益曲线图表，各类到期财政部债券收益可在"华尔街日报在线"网站 www.WSJMarkets.com 的 Market Data Center（市场数据库）中查看，找到 Calendars & Economy（财经日历）板块，点开 Bonds, Rates & Credit Markets（债券利率和信用市场）链接查看利率指数相关信息。

此外，圣路易斯联储的联邦储蓄经济数据库（FRED）会提供相关数据信息。

美国国民经济调查局1995年的米什金调查报告在很多网站都可以找到，例如 http：//ideas.repec.org/p/nbr/nberwo/5279.html.[1]

· **资料看点**：长期和短期债券收益差在扩大／缩小。

· **数据解读**：经济在近期将增长／萎缩。如果短期债券利率上涨超过长期债券利率，说明经济很可能走向衰退。

· **应对措施**：采取相对应的循环投资，例如经济放缓时买入

---

1  米什金和爱斯特雷拉的调查研究报告对收益曲线十分感兴趣，而杜克大学的 Cam Harvey 比它们更早地作过此方面的研究。如果你希望更进一步了解收益曲线的预测能力，并且愿意研究相关的数学计算，可以参考 Cam Harvey 1986年在芝加哥大学的博士论文《从利率的期限结构均衡模型看消费增长的期待复苏》（*Recovering Expectations of Consumption Growth from anEquilibrium Model of the Term Structure of Interest Rates*），还有他1988年在《金融经济学杂志》上发表的论文《期限结构和消费增长》（*The Real Term Structure and Consumption Growth*），以及他其他在杜克大学网站 www.duke.edu/~charvey/research_term_structure.htm 可以查阅到的论文。

高质量政府债券和必需品商家股票，卖出高风险债券。

- 风险等级：中。

- 潜在收益：$$。

# 第六部分 通货膨胀、恐慌心理和不确定因素

本书剩下的11个指标有人认为是最重要的，因为它们告诉我们如何应对投资中的三大魔头：通货膨胀、恐慌心理和不确定因素。

投资群体要想提前预知即将到来的经济衰退，这三个因素至关重要，它们可以提前预兆国内生产总值中消费、投资、政府行为和进出口各个部分以及其他综合部分（消费、投资、政府行为和进出口综合影响的经济内容）的重

大衰退。当通货膨胀、恐慌心理和不确定因素这三大魔头抬头的时候，能够作出快速反应的投资者就可以避免亏损，甚至还能通过大胆的投资获益。

# 40 国内生产总值平减指数

## 同步指标

（另参考生产价格指数和汉堡指数）

通货膨胀的重要性在于，它就像是潜在无形的税收，在经济平稳时期慢慢消磨掉你持有的钱的购买力，在经济出问题的时候更是瞬间让我们持有的现金变得一文不值。

这项无形的税收对于穷人和固定收入的群体都是难以承受的。毫无疑问，在两次世界大战之间的德国，人们需要推着成车的现金去购买粮食，造成这种状况的罪魁祸首就是通货膨胀。也正因为如此，经济学家、政客和很多人都一直在关注通胀。

通胀的衡量标准有很多，但极少算是完美的，纽约梅隆银行的执行董事和外汇战略师迈克尔·伍尔福克认为，国内生产总值平减指数有它的明显优势。

通过国内生产总值平减指数，我们能知道一个特定测量阶段中商品和服务的价格上涨情况，用它来对名义 GDP 数据进行"平减"，从而得出 GDP 实际增长情况。因此，这项数据和经济增长数据一同每季度发布一次。

虽然消费价格指数（CPI）更广为人知，但 GDP 平减指数有它的优势，它能指出整个经济商品和服务的价格变化，而不像 CPI 只衡量一部分商品的价格，这种选择的有限性可能导致我们错误地评估通胀情况。

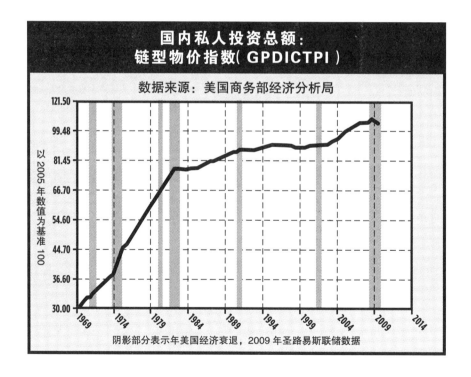

伍尔福克还指出，美国消费价格指数因为只衡量一部分商品的价格，因

此和其他国家的 CPI 指数没有可比性。

"GDP 平减指数因为衡量商品和服务的范围更宽泛,因此能够和其他国家的通胀评估指数进行比较。"伍尔福克表示各个国家的 CPI 度量标准和参数存在差异。

## 投资策略

伍尔福克一直用 GDP 平减指数来分析货币市场,通常货币市场被认为很不透明,要想预测是件很困难的事情,尤其是政府还会经常介入货币市场,让本来合理的经济分析不得不被抛弃。

但是伍尔福克抓住了这个问题的关键,他总是根据相对通胀水平调整自己的预测,通胀率的差异告诉我们个人持有的货币购买力萎缩的速度和其他国家相比算快还是慢,如果其他国家的通胀水平都保持一致,那么相比之下通胀水平较高的国家货币就可能相对其他国家贬值。

伍尔福克拿日元和美元来举例,如果美国的通胀水平为3%,日本为0,这种情况在近代史上并不少见,那么他就根据这个差异对自己的预测进行调整,也就是说原本100日元兑换1美元的预测就应该调整为97日元兑换1美元。

但 GDP 平减指数和其他很多指数一样,也存在一定缺陷。最明显的就是,它每季度才发布一次,但消费者物价指数和生产价格指数都是每月发布。

此外,若想要利用这项指数推测货币市场交易,那么需要明白,货币市场的参与方很多,包括中央银行(例如英国银行)和其他大型商业银行(例如花旗银行），这就意味着小投资者一旦投资进去，就经常眼睁睁等着亏损，因此蹚这浑水前一定要谨慎！

---

### 总结参谋：国内生产总值平减指数

· **资料发布时间**：每个月的第三或第四周，美国东部时间上午8：30国内生产总值（GDP）数据和GDP平减指数前后发布，对于上季度的数据进行三次评估。

· **资料来源**：要查看国内生产总值平减指数你可以登录"华尔街日报在线"网站 www.WSJMarkets.com，查看 Market Data Center（市场数据库），点开 U.S. Economic Events（美国经济事项），找到 GDP（国内生产总值），GDP 价格指数即为 GDP 平减指数。

此外，圣路易斯联储的联邦储蓄经济数据库（FRED）和美国经济研究局网站 www.bea.gov 都发布 GDP 平减指数，在 Briefing.com 网站的投资者板块也可以轻松找到数据。

· **资料看点**：两个国家通胀率差的变化。

· **数据解读**：通胀率相对较高的国家货币最终将相对于另一国家货币贬值。

· **应对措施**：购买通胀率相对较低国家的货币，等待短期震荡和政府干涉引起的外汇市场波动。

· **风险等级**：极高。

· **潜在收益**：$$$$。

---

# *41* 黄金价格

## 领先指标

你应该听说过这样一条金科玉律：谁有黄金谁说了算。往俗了说，就是越有钱越好。

事实上，黄金经常作为丈量投资心理的一把量尺，或者一个高度敏感的晴雨表，可以用来测量经济、金融和地缘政治等各种不稳定的因素。

当经济景气，金融系统稳定，世界格局没有发生剧变时，投资者很少考虑购买黄金，金属价格也会走势平缓。

例如在20世纪80年代和90年代，大多数投资者都选择其他种类的投资，而并非黄金。结果就是，黄金市场从1980年到1999年整整20年时间处于熊市，黄金价格从850美元1盎司降到250美元1盎司。当时也正值大好时期：经济增长迅速，通货膨胀率低，没有持续较长时间的战争。

但与此相对比，2001年之后的10年里，黄金价格一度攀升，从每盎司260美元翻了5倍多，到2010年涨到了每盎司1,300美元。当时也正值技术泡沫破裂，美国房地产投资热潮起潮落，世界银行体系遭到削弱，美国卷入阿富汗跟伊拉克旷日持久的战争。更重要的是，美国的对外债务已经超过偿还能力，增加了通货膨胀的风险。

这种时期，黄金就成了一种不二的投资选择，金属被认为是从长远来看具有保值价值的投资，而纸币最慢也会在短短几十年里就大大贬值。资深黄金投资者乔治·杰罗指出，在20世纪30年代，一千克黄金可以买一辆豪华四

门车，今天依旧能够买到。但是一美元或者其他任何货币，能买当年它所值物品的一个零件都不错了。

## 投资策略

要把黄金用作投资情绪指标，就要观测黄金的投资需求。世界上大约2/3的黄金是用于制作首饰，但与黄金价格波动关联更大的是投资者购买的黄金储备。

纽约商品咨询公司伊士曼集团的总经理杰夫·克里斯汀表示，如果投资者的投资需求在每年2,000万盎司以上，黄金价格就会持续上涨。

"这种评估度量至今仍然适用。"他说道。但当今最大的不同点是，投资者都在抢购更多的黄金，并且这种状况在未来仍将持续。

我们如何利用这一规律赚钱呢？你可以听从这些了解内情的人，跟随大众投资黄金。但无论如何，黄金市场都是一个高风险投资，最好你是像克里斯汀那样的专业投资人士，再予以考虑。

但你可以把黄金作为投资组合保险或者预防经济灾难的保险投资。"我的观点始终都是，你投资组合的一部分应该用来预防灾难，"克里斯汀说，他从20世纪70年代中期就开始关注黄金市场，"其他大部分投资都应该是为了从经济形势中赚取利润。"

换句话说，就是应该投资一部分做黄金。黄金价格已经显示与其他资产价格不相关，这种不相关也就意味着，黄金投资可以平缓整个投资资金的波动震荡。如果最坏的情况出现，黄金一般会升值；如果没有出现糟糕的状况，那么其他的投资将会收益良好。大多数专业投资者都会将整个投资资金的5%~15%用来购买黄金。

购买黄金的方法分几种，最简单的就是购买标准普尔黄金基金（GLD），就如同买股票一样。你也可以以金币的形式购买实体黄金，但一定要确保你买的是足金，只有足金的价格是真正的黄金价格，而不是由制成品的价值或者金属的稀有程度决定的。最常见的金币包括美国鹰徽纪念币、南非克鲁格金币和加拿大枫叶纪念币。

## 总结参谋：黄金价格

· **资料发布时间**：大部分黄金交易日都有黄金交易。

· **资料来源**：要查看黄金价格你可以登录"华尔街日报在线"网站 www.WSJMarkets.com，查看 Market Data Center（市场数据库），点开 Commodities & Futures（商品和期货），在金属价格板块中找到黄金价格。

此外，世界黄金协会在其网站 Gold.org 发布各类黄金商品的价格信息，它是最大黄金上市基金标准普尔黄金基金的出资人，每日发布此项基金黄金价格的信息。

世界黄金协会和伦敦咨询公司黄金矿业服务公司（GFMS Ltd.）密切合作，发表研究成果，伊士曼集团出版的黄金投资相关书籍，包含很多很难找到的历史数据资料和市场评论。

伦敦金银市场协会控制着黄金交易，并公布一项参考价格（称为"固定价格"），这个价格不是人为操控的，而是像美国期货交易的结算价格一样。

蒙特利尔的黄金交易网站Kitco.com也可查询黄金交易信息。

·**资料看点**：黄金价格和数量的变化意味着黄金供给和需求的变动。

·**数据解读**：当黄金投资需求增加，投资者担心通货膨胀、经济崩溃或者地缘政治不稳定。

·**应对措施**：在察觉通胀或者灾难的第一瞬间作出决策，购买自然金或者人造金，在察觉到长期物价水平和金融系统稳定的信号时，卖出黄金。

·**风险等级**：高。

·**潜在收益**：$$$。

# 42 经济失调指数

## 同步指标到领先指标

掌管经济的上帝一高兴，我们的荷包就变鼓囊，东西价钱就变便宜，这不是笑话，而是现实。但有时候也会发生相反的情况，面临可怕的事业，没有收入，通货膨胀，物价飞涨，出现经济失调。

我们也没办法找着上帝问问他，但在经济学家亚瑟·奥肯发明经济失调指数的时候，经济失调和社会失调这些问题都已经在他的考虑范围中了。跟其他很多有才的点子一样，经济失调指数非常简单，它把失业率和通胀率加起来，指数越高，社会失调程度越高。

"经济失调指数观测的是贯穿整个经济脉络的病痛，"弗吉尼亚大学达顿商学院经济学教授皮特·罗德里格斯说道，"经济阶梯最底层者的痛苦最为剧烈。"

经济失调指数发明于20世纪70年代，罗德里格斯解释说，在那之前的60年代，政府竭力控制通货膨胀的政策遭遇困境，同一时期，美国也遭遇了30年代大萧条之后最严重的失业风暴。70年代盛行的经济理论认为，高通胀率和高失业率是很难同时出现的，因为通胀会伴随着创造新的就业，而高失业率往往导致物价下跌。但是，理论在那时似乎都不管用了。

"高失业率和不断加深的通货膨胀现象一同出现，让原本的'悲观科学'变成了'悲惨科学'。"罗德里格斯说道。经济学家罗伯特·巴罗也发明了一个类似的指标，叫做"巴罗经济悲惨指数"，也是运用通胀率和失业率来衡量经济状况，还加入了一些别的变量。

## 投资策略

"经济失调指数主要衡量的是蓝领阶层的状况，"罗德里格斯说，但他又表示，这并非是说金字塔的高层就因此不受影响。

当经济失调带来的痛苦席卷而来的时候，经济失调指数就如同茶杯残留的占卜茶叶，可以用来给政治选举算一卦，如果看到高位且不断攀升的失调指数，就可想而知民众已经躁动起来。

有时候他们疯狂地蜂拥去投票，将不满全都发泄到当政的政客头上，曾经的民主党总统吉姆·卡特就遭遇过这种命运。卡特刚上任的时候，美国的经济失调指数就已经升高到12.7，但依旧是他执政时期的最低值。到了1980年6月，失调指数升高到空前的高度——22，自然不必说，在这次经济滑坡的影响下，卡特在总统大选中败给了里根。

哪位总统要是运气好碰上了经济失调指数下降或一直处于低位的好时候，通常就能轻松连任两个任期，乔治·布什和比尔·克林顿就是如此。

"除非总统能够改善整个经济状况，不然就别想再赖在职位上不走。"罗德里格斯说。

经济失调指数还能告诉我们美联储干得怎么样。罗德里格斯表示，美联储和其他的中央银行不同，它同时肩负着保持低通胀和低失业率两项责任，所以经济失调指数越高，就表示联邦储蓄没做好自己的工作。

投资者如果根据实际情况灵活运用经济失调指数，甚至能够预测华盛顿将要出现的政治僵局和随之而来的股票牛市，或者用它来占卜汇率走向。美联储的权力与政治活动相对独立，但它毕竟没有宪法保护，也并不是时刻都能做到全身而退。

## 总结参谋：经济失调指数

· **资料发布时间**：当通胀率和失业率发生变化的时候。

· **资料来源**：你可以登录"华尔街日报在线"网站www.WSJMarkets.com 的 Market Data Center（市场数据库），找到经济失调指数的两部分数据：失业率和消费物价指数通胀率。

同样在劳工统计局网站www.bls.gov 上可以查看。

此外，你可以到网站www.MiseryIndex.us/ 上下载相关数据和白宫执政者的资料。

· **资料看点**：经济失调指数在上升／下降。

· **数据解读**：现任总统有大麻烦了／应对自如，对美联储的抨击增多／减少。

· **应对措施**：对于现任总统和美联储的状况寻求改变／保持现状。

· **风险等级**：取决于你根据经济失调指数采取的行动。如果你在下次总统大选中下了100万美元的赌注，那就面临极大风险。

如果你结合本书的其他49个指数下了很小的赌注，就不会出现大的风险。

·**潜在收益**：$~$$$$ 不等。

# 43 生产价格指数

## 经济衰退的领先指标，经济扩张的同步指标

（另参考 GDP 平减指数、黄金价格和财政部通胀保值债券利差）

通货膨胀可不是超市胡乱抬价造成的，商店的价格是由商品货源厂商决定的。所以通过了解厂家商品的出厂价格，就为我们预测消费价格提供了新的思路，名为生产价格指数（PPI）的这项指标正是我们想要的。

生产价格指数与同是衡量通胀情况的另一指标消费价格指数（CPI）相比，可能后者更广为人知。消费价格指数衡量消费者购买一篮子商品或者服务的价格，但生产价格指数不同，它衡量的是国内生产者制造产品的出厂价格，从另一方面看，也就是零售商从商家进货的价格。

"生产价格指数也表示商业成本有多少，"弗吉尼亚大学达顿商学院经济

学教授皮特·罗德里格斯说，"只要经济作出调整，生产价格指数是最先作出反应的指标之一。"

经济不景气的时候，生产厂商面临生存压力，所以会想办法降低成本，削减价格和薪金，为了让消费者乐意购买，他们会尝试分摊终端消费者的物价压力。

但在经济景气的时期，成本价格就立刻转移到消费者身上。

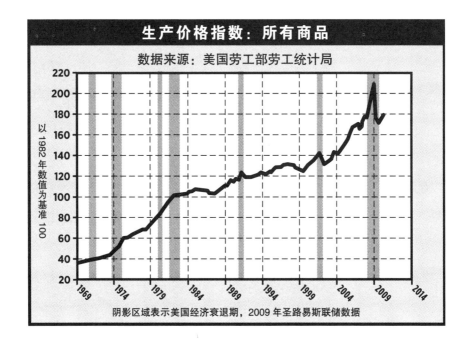

## 投资策略

生产价格包含很多部分，其中最不稳定的两块就是食品价格和能源价格。这种不稳定性让经济学家和投资者很难把握整体指数，因此为方便起见，通常我们剔除食品价格和能源价格，从而得出核心指数。因为一项指标只有排除掉动荡性因素，才更容易辨别趋势走向。

趋势走向才是生产价格指数的关键，罗德里格斯告诉我们："要找到几个月时间内体现的趋势。"更具体地说，"最常出现的移动平均数"值得我们关注，例如过去3~5个月的平均数，把这些平均数绘制成图表，然后再找到趋势走向。

推荐一个方法：你可以连续一段时间每次算出前三个月的平均数，计算出年度化的工业价格指数率，然后绘制成图表，这样的移动平均数能够平缓月和月之间的数据振荡。如果你从这样绘制出来的图表中能看到明显的走势，那么就可以从中得出自己的结论。

例如，如果记录前三个月的平均通胀率从1%上升到2%，然后6、7、8三个月的平均通胀率为3%，那么这就是明显的通胀率上升的趋势。但如果一个月计算出前三个月的移动平均数为4%，紧接着下个月计算的通胀率下降到2%，再接着下个月的移动平均数又为3%，那么很难断定这是一次通胀问题。

如果出现上升的趋势，就意味着零售行业即将出现通胀问题，也就是说疲软的经济意味着零售商和生产商的利润率受到挤压。

生产价格指数降低的情况更复杂，可能是因为经济疲软，也可能是因为制造业劳动生产率提高，罗德里格斯告诉我们。

他说财政部通胀保值债券（Treasury Inflation-Protected Securities，TIPS）相对于普通债券来说是应对通货膨胀的更好选择，因为普通债券是按照债券的名义面值获取本金和利息，而不是债券的原本购买能力。

如果你不想投资 TIPS，罗德里格斯说还可以选择持有通胀率较低的货币，同时购买黄金。尽管存在不稳定因素，但也是有效的保值措施。

### 总结参谋：生产价格指数

• **资料发布时间**：每月中旬美国东部时间上午8：30发布。

• **资料来源**：《华尔街日报》记者紧跟生产价格指数情况，在各机构发布数据后，《华尔街日报》记者会在其网站 WSJ.com 上整理发布消息。登录"华尔街日报在线"，找到"市场数据库"，可快速浏览数据，以及与投资者预期的对比。

如果新闻信息正是你所需要的消息，登录"华尔街日报在线"，在 www.WSJMarkets.com 上找 Market Data Center（市场数据库），在 Calendars & Economy（财经日历）下拉目录中点开 U.S. Economic Events（美国经济事项），找到 Producer Price Index（生产价格指数）。

生产价格指数由劳工统计局负责计算发布，你也可以直接到劳工统计局网站 www.bls.gov/pPI 查看。可以在圣路易斯联储的联邦储蓄经济数据库（FRED）查看历史数据，网址 http://research. stlouisfed.org/fred2/series/PPIACO?cid=31.

或者你还可以在 Briefing.com 的财经日历上免费的"投资人"板块找到简化易读的数据整理。

· **资料看点**：生产价格指数三个月或者五个月核心移动平均数出现出人意料的提高／下降。

· **数据解读**：通货膨胀即将爆发／保持温和。

· **应对措施**：采取／不必采取购买 TIPS，黄金和通胀率较低的货币等保值措施。

· **风险等级**：高。

· **潜在收益**：$$$。

# 44 散户投资行为

## 经济衰退的领先指标，经济复苏的滞后指标

有些人似乎生来就倒霉，总在错误的时间干着不该干的事情，你说他们都是笨蛋吗？有可能，但在投资圈里，这些人统一被称为——散户。

这些只要投资就稳赔不赚的人值得经济学家和投资者深思，他们被称为"小家伙"。当小家伙们下大赌注进行任何一类投资的时候，不管是股票还是房产，赚钱的时机已经错过了。

"我认为散户得到信息的时候已经太晚了，"马塞诸塞州波士顿金融研究公司（FRC）的研究分析师皮特·维尔戈斯说，"这是长期祸害很多投资者的原因之一。"

波士顿金融研究公司收集整理很多中小投资者偏好的共同基金的投资数

据，我们从数据中可以了解散户的投资行为，有时候可以选择采取相反的投资策略。

因为这些小家伙总是和明智的机构投资者做相反的事情，总是在接近高点时买进，好的投资时机已经过去了。同样，散户投资者还会在本该买进的低点卖出。

"这可能就是人性导致的紧急按钮效应。"维尔戈斯解释说。

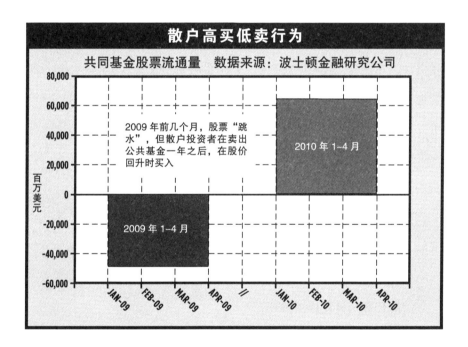

### 投资策略

波士顿金融研究公司用复杂的计算特定共同基金的资金流入流出量，从而了解投资者每月投资资金额。

波士顿金融研究公司共同基金数据专门描述了散户投资者的投资行为，因此十分重要。专业投资者一般不选择投资共同基金，他们通常通过上市基金进行股票市场投资，或者在固定收益市场购买个股。有钱人也很少买共同基金，他们会雇佣货币经理人按照他们的需求量身定做投资方案。

当然肯定有例外的人，但总体上来说，我们应该相信共同基金的资金流入流出量体现的是散户投资者的投资心理。

由于共同基金通常按照投资类型分为股票、债券、现金、稀有金属、国内投资和国际投资，我可以观察哪一部分的投资资金流入量最大，哪一部分的资金流出量最大，也就是说你可以看到散户投资者疯狂涌入的投资板块，也可以看到他们急于抽身的投资类型。

如果把这些数据和特定投资板块的表现结合起来看，就能够辨别哪些投资板块正出现泡沫，哪些不应当被抛弃。

例如，如果债券基金的收益良好，散户投资者蜂拥而至，投资额达到历史高峰，那么你就需要谨慎评估，是否应该跟随大众，还是选择其他方向。

有些时候资金流入特定基金是广告游说的结果，和消费者心理无关，因此，你要跟往常一样作谨慎调查。

---

### 总结参谋：散户投资行为

· **资料发布时间**：尽可能随时获取消息。

· **资料来源**：波士顿金融研究公司（FRC）的基金流通数据并不是对所有人开放，只对大公司企业提供。但其发布的月度基金资金流通量数据，各大商业媒体都会详细报道，如果你有耐心去挖掘，就能够在网上找到基金资本流通的详细信息。

此外，美国基金评鉴公司晨星（MorningStar）提供大多数共同基金的数据，因此通过了解管理基金情况估计出资金流通量，比较各个评估阶段的资金额差异。（需要稍加调整数据得出基金的实际情况。）

· **资料看点**：通过衡量共同基金各类投资资金流动情况评估散户投资心理，具体说就是查看各类投资板块资金流入和流出量。

· **数据解读**：基金某一板块资金流出／流入表示熊市／牛市即将结束。

· **应对措施**：特别是当散户投资行为和专业投资人士投资方向相反时，在他们卖出时买入，买入时卖出。

· **风险等级**：中。

· **潜在收益**：$$。

---

# *45* 信用差价：利率风险结构

## 领先指标

（另参考泰德利差）

资本主义美国 style 的核心就是冒险，但这并不是说没理智地找刺激，不论什么风险都像狂暴的战士一样冲上去，而是说做好生意的本质就是为了利润甘冒风险。用这个来描述证券市场更合适不过了，大公司通过上市售卖股份进行融资。

简单说，风险高的公司愿意为借款付更多的利息，因为如果投资高风险公司的利润和投资低风险公司的利润相同，那么谁还愿意冒风险，多承担风险就是为了获取更大利润。

这种借款的成本差异就叫做"信用差价"。信用差价有很多衡量方式，这本书讲的是最高信用等级的交易债务（等级为 AAA）和比垃圾股票信用等级稍高一些的风险债券（等级为 BBB）之间的利率差，这些评级由专门的信用评级机构根据借款方的信誉可靠度进行评估。

信用差价的大小一直处于变动当中，在经济复苏前夕缩小，在经济放缓之前扩大。这种对应关系很直观，也让这项指标具有预测性质。

"从经济的角度看，投资资本让世界正常运转。"马萨诸塞州经济咨询公司 H. C. 温怀特经济有限公司的研究室主任大卫·兰森说道。随着信用利差扩大，就意味着投资者介入高风险，风险意识的增加就减缓经济资本流通，没有足够的资金，经济增长就会停滞。

"这就是2008年10月发生的情况,"兰森解释说,那个时候信用利差扩大,资本流通停滞,"之后就出现了我们见到的衰退。"

如果相反的情况发生,对投资者来说就是好消息,随着信用利差缩小,就表明经济活动资本流通顺畅,也就促进了经济增长。

**2005 年年底之后信用等级 BAA 和 AAA 公司债券收益**

数据来源:穆迪公司或联邦储蓄委员会

## 投资策略

兰森一直研究从1949年开始信用利差变动和经济之间的关系。通常,信用利差如果发生急剧缩小或扩大的变化,经济也会出现大规模变动。一般来说,信用利差大幅度缩小之后不久,就会出现经济强势的增长,而信用利差扩大则会减缓经济发展。

例如兰森曾经发现，当信用利差缩小3.5个百分点还多的时候（例如高信用交易债务成本和高风险交易债务成本差从6.5%下降到3%），当时季度的经济增长升高了5%。

3~6个月之后，经济发生爆炸性增长，年度增长率超过6%，这个数字对于美国这样的发达国家来说是绝对的高增长数值。兰森还曾经在2009年第四季度成功预测随着信用利差缩小，美国经济将会出现反弹，这在当时很多经济学家都不认同。他的研究还发现，信用利差扩大超过3.5%，导致当季度和之后的三个月经济增长回落到1.4%左右。

因此，我们可以利用这项指标，判断接下来的经济形势，进行相应能够获益的投资。

如果信用利差显著扩大，几乎可以确信经济增长即将放缓。"在经济衰退之时，经济投资都应当以保险为主，放弃风险投资。"兰森表示。

兰森告诉我们他个人倾向于购买国债和政府债券，例如美国财政部债券，也可以进行黄金投资，绕开任何形式的商品或期货投资。（兰森对商品的定义排除了黄金，大多数人都会将黄金看做特殊类别的投资。）

美国财政部债券可以在政府网站 TreasuryDirect.gov 直接购买。中小投资者可以从标普预托债券黄金上市基金了解到投资黄金的价格。如果信用利差缩小，就表示经济开始复苏，所以投资者应该采取相反的投资策略，用兰森的话说就是敢于"拥抱风险"。

通常，新兴市场股票是很好的选择，因为它很像大宗商品和期货风险结合体，很多新兴市场公司涉足的都是采矿业和农业。

---

### 总结参谋：信用差价

·**资料发布时间**：每个交易日发布。

·**资料来源**："华尔街日报在线"网站 www.WSJMarkets.com 提供公司债务收益信息，在网站上找到 Market Data Center（市场数据库），点开 Bonds，Rates & Credit Markets（债券利率和信用市场）链接，找到 Most Actives（最活跃的公司债券）。

此外，有关公司债券利率的其他信息在互联网上随处可见，如果想查询下载几十年前至今的历史数据，圣路易斯联储的联邦储蓄经济数据库（FRED）是最方便最受青睐的选择，网址为 http://research.stlouisfed.org/fred2/. H. C. 温怀特经济有限公司这一类的私人咨询公司也都有整理数据。

·**资料看点**：信用利差在缩小 / 扩大。

·**数据解读**：经济在近期将增长 / 萎缩。

·**应对措施**：购买股票和大宗商品 / 短期债券和黄金或者持有现金。

·**风险等级**：中。

·**潜在收益**：$$。

---

# 46 泰德利差

## 领先指标

（另参考伦敦银行同行拆借利率和信贷可获性振荡指数）

在2008年的信贷危机之后，银行就一直不招人待见。也许你能通过另一种方式表达对银行的憎恶，还能从中赚钱。那就是通过了解银行贷款心理，然后从中捞一笔财富。

尽管银行正遭受着各种诟病和敌视，但银行贷款依旧是经济增长的关键因素。银行给贷款得不到偿还的风险给予的定价，体现了银行家集体对借贷的心理。

具体来说，就是银行间互借贷款的利率比政府借贷的利率高多少。通常美国政府贷款的风险为零，也就是不存在贷款不还的风险。（毕竟政府可以随意收税和印钞。）因此对于任何利率，只要知道它跟政府的贷款利率相比高出多少，就可以衡量信用风险。

通过泰德利差，我们可以轻松计算出银行比起政府要多付多少贷款利息，泰德利差也就是政府债券和同行拆借利率之间的利差。

"泰德利差代表了金融市场的含氧量，"多伦多财富管理公司 Gluskin Sheff 公司的首席经济师和战略师大卫·罗森伯格说道，"它评估的是商业银行对于同行间贷款的自信度。"

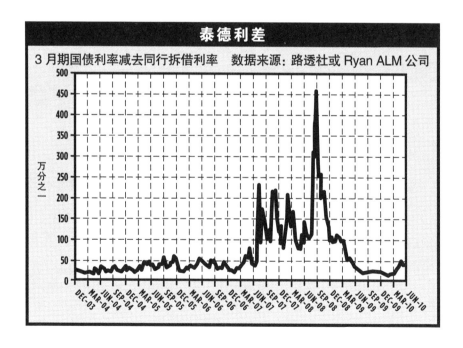

利差小表示自信度高，相反利差大就表明信用等级低，而极大的利差就表示出现了混乱。

银行间贷款额有多大，贷款利率有多高，对于经济有重要的影响，特别是高额的贷款能够促进经济增长，贷款减少就导致经济放缓甚至衰退。

"金融界发生的变化，一定会在经济上体现出来。"罗森伯格说。

## 投资策略

泰德利差扩大，经济借贷合同总数就会减少，最终会导致"明显的经济增长放缓"，罗森伯格解释说。同样，当泰德利差缩小，就预示着贷款活动恢复，也可以说，银行对于高风险贷款的胃口增大了。

泰德利差曾在1987年、1990年、1998年、2000年、2008年和2010年扩大，其中在1987年和1998年之后没有出现经济衰退，但1990年、2000年和2008年之后都出现了衰退现象。

因此泰德利差扩大预示着下一个经济增长放缓的阶段很有可能接踵而来，但解读这项指标也需要找到持续的趋势和综合数据证明，再下定论。

总体来说，银行的借贷行为减少对于经济发展不是好兆头，这促使风险报酬比率发生改变，从而使得人们的投资决策更趋于谨慎。

"如果你注意到泰德利差在扩大，这个信号就是提醒你要尽快抽身，逐步减少风险投资。"罗森伯格表示。

因此可以选择低风险投资，例如政府债券或者高信用等级公司债券。如果你还是想投资股票，可以选择耐用品的生产公司股票，例如香皂、牙膏和洗发水制造商和零售商公司股票。

"不要一股脑地进行孤注一掷的投资。"罗森伯格提醒我们。投资方案中的变动都要逐步进行，特别是因为它的利差很可能又迅速开始缩小，代表银行恢复了贷款的信心和意愿。

---

### 总结参谋：泰德利差

· **发布时间**：不定期发布。

· **资料来源**：你可以用银行同行拆借利率减去政府债券利率得出泰德利差，为了准确起见，你最好采用三个月的同行拆借利率平均值和三个月的政府债券利率。

在"华尔街日报在线"网站 www.WSJMarkets.com 的 Market Data Center（市场数据库）中你可以找到这两项所需数据，点开 Bonds，Rates & Credit Markets（债券利率和信用市场）链接。

此外，要想查询美国财政部债券收益可以查看圣路易斯联储的联邦储蓄经济数据库（FRED），想知道同行拆借利率数据可以登录英国银行家协会网站 www.bbalibor.com/bba.

· **资料看点**：泰德利差（财政部债券利率和同行拆借利率差）扩大／缩小。

· **数据解读**：银行在近期贷款减少／增加，经济增长放缓／加速。

· **应对措施**：进行相应周期性投资，在泰德利差扩大时，逐

---

步减少股票等风险投资。

· 风险等级：中。

· 潜在收益：$$。

# 47 得克萨斯"僵尸银行"比率

## 领先指标

当2008年巨大信贷危机的剧情上演的时候，应该配上这样的副标题——"僵尸银行来袭"。你应该知道，僵尸既非死人也非活物，这种非自然状态的生物给生者的世界带来浩劫，直到它们被彻底消灭。

僵尸银行也一样给我们带来灾难，它们说活不活，没有能力提供贷款，但说死也不死，因为没有破产也没被兼并，它们就这么苟延残喘，拖着整个经济的后腿。

如何分辨一家银行是不是僵尸银行？这时候就要用到我们所讲的得克萨斯比率，这项指标是在20世纪80年代初，由加拿大皇家银行的杰拉德·卡西迪和他的同事创造的。

简单来说,得克萨斯比率就是银行呆滞资产和可用资产的比率,这些可用资产是公司免于破产的缓冲物。

"我从20世纪80年代就开始研究得州银行,我发现当得克萨斯比率突破100%,银行就会破产。"卡西迪告诉我们,后来他调任到缅因州波特兰的加拿大皇家银行支部,做期货分析师。数据达到100%就说明银行的全部储蓄或资本已经变成了坏账。

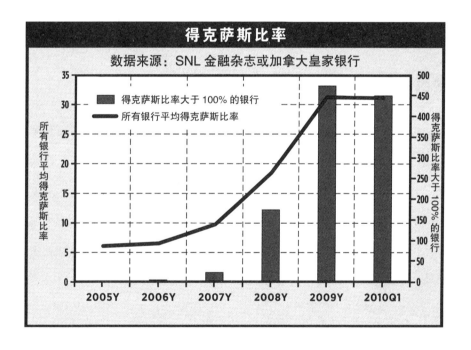

得克萨斯比率计算起来比较麻烦,呆滞资产是指银行账面上所有的不良资产的账面价值,包括银行重新收回的房地产(这些房地产有时候被称为"奥利奥")和违约或者重构的贷款。简言之,卡西迪说就是包括银行所有的

损失。

该比率的分母是银行期货价值和账面价值，加上防范贷款损失的储备，不包括银行信用等无形资产。卡西迪给我们作了个比喻，他说银行的有形资产就好像河堤旁边垒筑的沙袋，让住在附近的居民免于遭受特大洪水。

用金融术语说，银行资本就是为了防范坏账抵消一切资产，就好像是抵御僵尸来袭的最后一道防线。坏账水平高的银行和高位得克萨斯比率有时候能够被更强大的银行挽救，但有时候它们也会变成僵尸群的一分子。

## 投资策略

"如果一家银行的得克萨斯比率超过100%，就等于驶入了恐怖海峡，"卡西迪表示，"就如同看着发动机转速表已经闪红灯了还继续开车一样，最终汽车会带着你一同爆炸。"

大多数人在参考得克萨斯比率的时候，遇到的最大问题是他们忘记排除掉银行的无形资产，例如信用、交易机密、专利权和商标价值，卡西迪说："如果一家银行陷入困境，信用这些无形资产就毫无价值了。"

---

### 总结参谋：得克萨斯"僵尸银行"比率

- **资料发布时间**：每个交易日发布。

- **资料来源**：美国联邦存款保险公司（FDIC）网站 www.fdic.

---

gov/bank/statistical/ 上可以找到每家银行的数据, 供你计算出得克萨斯比率, 一些数据也可以在美国货币监理署网站 www.occ.treas. gov/pubinf.htm 查看。

此外, 对于上市银行, 投资者可以查看季度业绩报表10Q, 或者年度业绩报表10K。

· **资料看点**: 得克萨斯比率 (不良资产 / 有形资产) 在上升 / 下降。

· **数据解读**: 银行部门破产的可能性增大 / 减小。

· **应对措施**: 当得克萨斯比率接近100%的时候从银行部门撤出投资, 该比率低时可以考虑购买银行股票。

· **风险等级**: 中。

· **潜在收益**: $$。

# 48 财政部通胀保值债券利差

## 领先指标

（另参考个人消费支出平减指数和实际利率）

华尔街经济预测师说的话经常不可信，所以如果你真想知道人们对未来的预期，应该观察他们做了什么，而不是听他们说了什么。

特别是要看投资者在美国政府债券市场中的行为，就能够计算人们对未来通胀的预期。答案不在于投资者都怎么说，而是整体上投资者想要花多少钱购买我们所讨论的债券。

我们这里具体指的是两类债券，一类是政府发放的通胀指数债券（Treasury Inflation Protected Securities，TIPS）和美国财政部标准期限国债券。TIPS 也叫做"财政部通胀保值债券"，通常是投资者预防通胀升高的投资债券。而普通的债券随着通胀扩大会让持有者亏损，因为名义固定利率下的本息购买力随着时间都在缩水。

财政部还提供了一类比 TIPS 名义利率还要高的国债券，也就是说，财政部承诺每投资100美元，它将支付更多的利息。但 TIPS 的实际利息也会根据未来通胀的影响而调整。因此这两类债券的收益差就是当时的预期通胀率，这个差就叫做"TIPS 利差"或者"TIPS 盈亏均衡"。

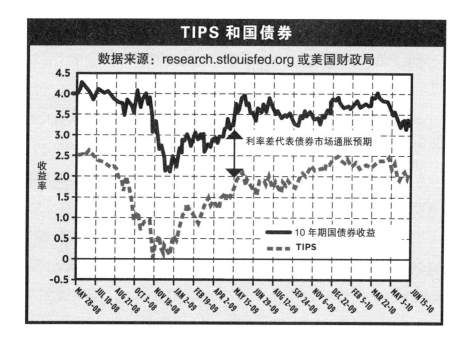

举个例子：如果10年期的财政部国债券收益率为4%，通胀保值债券利率为1%，那么未来10年的预期通胀率就为每年3%，两个债券收益利差每天

都会根据债券价格的变化而变化。

这项指标的意义在于，它帮助投资者深入了解债券市场的通胀预期。与其他的市场不同，政府债券交易的参与者几乎都是稳健理智的投资者。（股票市场则大不相同，参与者很大一部分都是经常出现不明智投资行为的散户。）

## 投资策略

通胀保值债券利差之所以重要，是因为它告诉你投资市场的精英群体对通胀的预期。

市场预期对于通胀是关键，因为通胀预期对通胀的最后结果有自我促成的作用。如果你身边的每个人都认为物价会上升，那么物价就会因为这种担忧出现上涨的趋势。正是由于通胀预期这种自我促成的特质，所以联邦储蓄一直密切关注债券市场的通胀预期情况。

相应地，我们也可以从中推测美联储将如何改变贷款利率，新泽西市场研究调查机构 Marta on the Markets 的债券市场资深人士 T. J. 马尔塔解释说："艰难困境和轻松处境的分界线是2%这个数值。"他认为，如果通胀预期超过每年2%这个数值，美联储很可能就会提高贷款利率，那么长期债券就会出现升值。"这是因为美联储出台政策控制通胀，于是投资效益减少，债券价格上升。"

如果通胀预期低于每年2%，美联储不会考虑提升短期利率，因此短期贷款成本保持低位，对于商品交易是好事。马尔塔还表示，这种情况下期货交易情况会良好。

但是马尔塔指出，通胀保值债券利差有时会出现暂时性超过2%，因此在采取行动之前，也需要保证所观察到的是持续的趋势变化。

---

### 总结参谋：财政部通胀保值债券利差

· **资料发布时间**：每个交易日发布。

· **资料来源**：通胀保值债券和国库债收益率都可以在"华尔街日报在线"www.WSJMarkets.com 的 Market Data Center（市场数据库）查看，点开 Bonds，Rates & Credit Markets（债券利率和信用市场）链接查找。

此外，圣路易斯联储的联邦储蓄经济数据库（FRED）提供 TIPS 和国债券收益数据，美国财政部网站 www.treasury.direct.gov/ 也提供 TIPS 相关信息。

· **资料看点**：根据通胀保值债券利差，衡量持续的通胀预期超过/低于2%。

· **数据解读**：美联储将会/不会提升利率。

· **应对措施**：进行相应的循环投资策略。例如，当通胀保值债券利差导致美联储实行紧缩的货币政策，就要考虑进行低风险投资，例如高评级公司债券，卖出股票等风险投资。

- 风险等级：中。

- 潜在收益：$$。

# *49* 芝加哥交易所动荡指数

## 领先指标

人们总说，狗能嗅出人身上恐惧的味道。你也能，你还能作出很客观的判断。恐惧和贪婪是驱使华尔街行动的动力，贪婪很难估量，毕竟太过主观，但我们可以试着衡量恐惧。

这里所运用的指标叫做"芝加哥交易所动荡指数（VIX）"：VIX 指数越高，投资者焦虑程度就越高。如果说华尔街有泄密者的话，这项指数就算一个。

简单来说，VIX 指数衡量的是股市大盘下跌购买保险的价格。投资者愿意为这种保险付越多钱，就说明他们整体的焦虑水平越高。虽然我们看不透每个投资银行家的心理，但至少可以了解投资群体的恐惧程度。

VIX 指数是指购买标准普尔500指数期权的价格，这是美国股票市场最常用的广泛测量指数。这些芝加哥期权交易所的交易期权[1]就类似防范股票市场崩盘的保险一样。投资者对未来经济走向越感到不确定，他们就愿意出越高的价钱购买这个保险，因此投资者纷纷出高价竞拍期权。

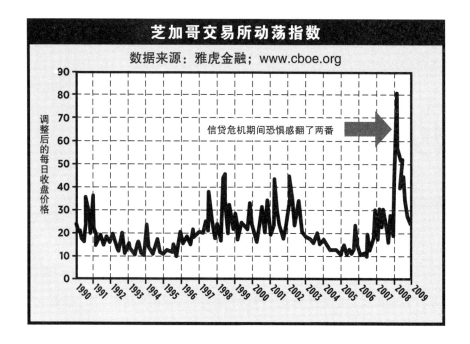

期货的理论价值通常是由毕苏期权定价模式公式计算得出的，这个公式是以20世纪70年代它的两位发明者的名字命名的，其中的变量包括利率、期权合同期限长短、指数相对价格和动荡参数。关键的一点是，除了动荡指数一项变量以外，其他三个变量数值在特定的时间点都是确定的。交易双方根

---

1　期权是一种定期合同，买卖双方有权利以事先规定好的价格向卖方购买或出售指数，根据指数的合同价格和合同到期时的市场价格的差额，获利或亏损。

据期权市场价格判断动荡指数，因此得出的结果称为"隐含波动性"，这正是 VIX 指标所衡量的。

## 投资策略

其他人的恐惧能够让你在华尔街大赚一笔，但首先你要避免采取一些高风险的投资策略。

最明显的就是很多投资者根据芝加哥交易所动荡指数变动进行期权买卖交易。虽然这是个方法，但当你决定涉足期权交易之前，要知道"购买期权可能让投资者的资产顷刻间化为乌有"，这是一名资深投资者告诉本书的作者的，特别是当你是投资新手的时候，可以选择绕开期权投资。

但不能就因此说芝加哥交易所动荡指数毫无用处，只要你对华尔街群体焦虑情况有一个整体的了解，就能够想办法赚钱。

纽约另类资产管理公司 Formula Capital 执行董事 James Altucher 告诉作者，他发现了一个利用 VIX 指标赚钱的交易。

"当 VIX 一天涨幅超过20%，不论市场目前是牛市还是熊市，都是进入市场的好时机。"他表示说，VIX 指数出现这样的大幅振荡，是股市下跌行情的本能反应，第二天通常会出现一次反弹。

他特别指导说，如果发现 VIX 指数涨幅超过20%，就"第二天早上买入 SPY 基金，交易当天你下午卖出"。

SPY 基金指的是 SPDR 标准普尔500指数上市基金，追踪的是标普500领先上市公司的市值。

Altucher 从1993年到2010年的研究表明，平均收益为0.97%，这十几年期间 VIX 指数只有30次曾经出现暴涨20%以上，其中22次按照上面建议的投资方式可以获益，占到75%。

Altucher 表示，一天的利润能够达到将近1%，那么一年的收益基本上就接近200%。他同样表示这笔交易的交易费用极低，大约为每股1美分，即便没有收益，损失也不会太大。

"在过去的17年当中，如果按照上述交易方法，持股一个月而不是一天，平均每笔交易收益为 –0.64%。"但他提醒2008年那样的情况太糟糕，所以除掉2008年的数据，其他时候持股一个月的交易平均下来都是获益的。

### 总结参谋：芝加哥交易所动荡指数

· **资料发布时间**：不定期发布。

· **资料来源**：芝加哥交易所动荡指数数据可以在"华尔街日报在线"网站 www.WSJMarkets.com 上的 Market Data Center（市场数据库）首页看到，在数据库页面找到 CBOE Volatility VIX（芝加哥交易所动荡指数）。

此外，还可以在雅虎金融 www.finance.yahoo.com 和芝加哥期权交易所网站 www.cboe.org 上查看 VIX 指数数据。

· **资料看点**：VIX 指数在一天之内出现超过20%的暴涨。

· **数据解读**：时常出现过度恐慌，出现反弹的时机成熟。

· **应对措施**：购买整体股市行情交易基金，例如标普500，在VIX暴涨的第二天早上买进，交易当天下午卖出。

· **风险等级**：极高。

· **潜在收益**：$$$$。

# *50* 美女指数

## 同步指标

美女指数又叫做"女服务员性感指数"，它的意思是，当你发现饭店和酒吧里的女招待都格外性感热辣，那么判定现在的经济处于萧条期准不会错。

在2009年经济危机期间，《纽约》杂志主编雨果·林格伦在杂志上撰文阐述了这项指数，才开始为人所知。显而易见地，这并不仅仅是在这本虚有其表满是广告的杂志里充数的。

不论你相信与否，这个指数背后蕴含的确是严肃的经济理论，与就业机会密切相关。

"很多企业都喜欢雇佣有魅力的人，"林格伦说，"男女都适用。"

但林格伦也指出，比起帅男，企业更器重美女，这也是为什么这个指数被称作"美女指数",而不是"帅哥指数"。

通常情况下,尤其是那些从事服务行业的雇主们会给予那些外貌好看的人额外的奖金,这不仅仅发生在模特行业,所有的社会活动、商业活动里也皆是如此。例如纽约一家名叫"BarCandy"的公司会专门给盛大场合提供长相有魅力的侍者。

经济繁荣时,"漂亮的人"能抢到这些报酬更好的工作,也就不乐意去那些比较低档的餐馆工作。但随着经济状况越来越糟糕,找不到薪酬高的工作时,他们也至少乐意去中型规模的饭店工作。

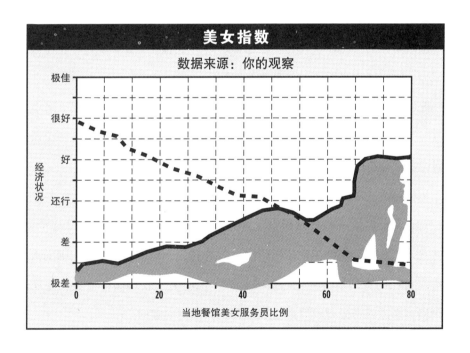

所以下次如果你在当地的餐馆里看见了性感撩人的服务员,要么说明你

住在洛杉矶，要么你完全有理由猜测当前经济处于危机模式之中。

## 投资策略

但是每个人对于什么是性感的界定不可能完全一样，这使得运用这项指标会有些棘手。因此你应该根据自己的审美收集数据，而非他人的，同时你还得确保每次收集数据时你的标准都一样。

为了精确解读这项指标，你需要认真作一些调查。你的任务就是到你所在地的饭店看服务员，去一次可不够。

这个指标的关键在于找到一个趋势走向，而不在于服务员到底长得有多靓多帅，因此每次去饭店时你都需要作笔记。

比如，女服务员是不是一次比一次好看了？如果确实如此，那么可能预示着经济在恶化。相反如果你见到当地的咖啡馆里的服务员一个比一个长得难看，那么你也同样能确定经济在朝着好的方向发展。

林格伦写这项指数的原因之一就是让投资者学会依靠自己。

"给大家提供一种方法做自己的指标是件十分有趣的事。"林格伦说。换言之，不要全部依赖于政府机构提供的数据，一个想要成为预测师的人应该提出自己的看法。林格伦告诉我们，据说前美国联邦储备委员会主席阿兰·格林斯潘就喜爱观察废旧金属以及内衣销售的走向。

同样，还有人说，从在纽约路边打车所花的时间长短，可以看出消费者的腰包是否紧张。"计程车指数"很有道理，因为在街道上的计程车的数量是固定的，而对计程车的需求是变化的，那么出租车收入的盈缺就跟经济强势和衰退有一定的联系。

越多的人选择搭计程车，那么可以打到的空车就越少，你打车需要花的时间就越长。简而言之，如果你在曼哈顿市中心的高峰期时，都能随时轻松地打到空车，那此时的经济一定很糟糕；同样地，如果在非高峰期都打不到车，那就表明经济状况良好。如果你总能轻松打到车，司机还都一个比一个帅，赶快隐居避难吧！

---

### 总结参谋：美女指数

· **资料发布时间**：任何你去餐馆的时候。

· **资料来源**：《华尔街日报》是家庭刊物，所以上面肯定不会有太多关于性感服务员的信息，你需要自己做出这项指数。如果你已经看了这本书之前介绍的那么多指数，这应该不是难事。如果这会儿你就在当地的咖啡馆，赶快记下服务员的性感程度，记下地点和日期，然后如此重复，很快你就会有足够的数据来分析。

林格伦建议我们除了参考美女指数，还可以尝试收集其他数据形成指数。如果很有效果，就坚持做下去，没有用的指标就舍弃。但最重要的是，不论自己发明的指标多有趣，千万不能根据一个指标就作出重大投资决定。

· **资料看点**：当地服务员越来越性感。

·**数据解读**：注重外貌的好工作都没了，经济比你刚点的布丁还疲软。

·**应对措施**：跟性感的服务员约会，然后买进公共事业、食物零售和制药公司的防御性股票。

·**风险等级**：极高。

·**潜在收益**：$$$$。

# 结　语

## 学会综合起来看指标

如果你已经读过了，甚至反复读了这50个神奇的指标，那么就可以开始尝试把指标综合起来看经济了。切忌，经济预测与其说是科学，不如说是艺术，很艺术！

下面提几点小建议：

首先，对于数学模型要警惕，因为它容易给人一种很准确、很可靠的错觉，比如告诉你去年经济增长了2.3422674%，这是很荒谬的，要警惕那些总把复杂数据挂在嘴边的人。

同样，官方来源的数据也总让人以为很可靠，比如政府声称失业率为9.6%，切忌这仅仅是调查了小部分家庭得出的数据，最好要明白这说明失业率已经几乎达到10%，并且最好关注每月的数据变化，这样更有预测意义。

要通过理解经济成因的几个基础模型，增长经验，提高自己的判断能力，而不是关注数据具体数值，经验和判断力比数据要灵活得多，可靠得多。我们讲解每个经济指标的时候都提到了一些基本理念。

当你观察这些经济模型的时候，要记住经济预测是动态的，过去十年，过去一年，甚至过去一个星期中各变量之间的数据关系，今天听起来都不可靠了，所以大量的数据是必要的，所以我们把多项数据放到一章里，来观测经济某个部门的情况。（除了《政府》一章，我们认为一个指标就足够。）

例如出现这种情况：变量 X、Y、Z 以往一直在 A 之前出现变化，长久保持这种规律，于是时间一长，你可能后来演变为只跟踪变量 X，而忘记了 Y 和 Z，但这时经济活动中可能出现了一个结构性变化，使得只有 Y 成为 A 的预测指数，而 X 和 Z 朝完全相反的方向发生变化。

但如果一个投资者一直保持对三项指数的关注，就会注意到这其中的反常，谨慎应对，这样就能避免失掉全部家当。前美联储主席阿兰·格林斯潘就赞同，要专注研究大量的数据，才能对经济做出预测，从而制定美国的货币政策。虽然他也有失误的时候，但目前为止仍然是预测最准确的一位。

随着信息扩散速度的加快，需要我们更快更准确地做出经济预测。有些人因为这种紧迫感，就选择关注一部分广义指标，而不是关注所有我们提到的 50 个指标，这是万万不可的。

这会给你带来大麻烦，因为经济指标越宽泛，准确度就越低，换句话说，关注整体经济活动的指标在测量方法上就比较粗糙。这就是投资者都知道的风险收益抵换率，通过简单快速的参考指数就作出投资决策也许有时候起效，但也经常出现事与愿违的结果。

另一个极端做法就是等美国国家经济分析局发布对各项经济衡量指标分析评估，定义经济循环的起点和终点。但它们的数据是后瞻性数据，造成的问题就是，当你看清局势，已经错过航班了。当国家经济分析局宣布经济衰退期或者扩张期的时候，那段时期都已经过去很久了，都快成为历史事件了，投资的机会也跟着早就成了历史了。

你应该做的是参考各种不同指标，涵盖经济的方方面面，学会在不确定性依旧存在的情况下，作出投资决策。你肯定比那些没有学过这50个经济指标的人领先多了。如果你摸爬滚打积累了足够经验之后，下次再听到别人说经济增长势头良好，而你从指标中看到即将出现经济滑坡，要相信自己的判断力。

## 明智选择指标

要想学会运用指标，你要懂得什么叫做经济循环性变化和结构性变化。循环性变化是随着经济循环进行——经济衰退之后出现经济扩张，之后又会陷入衰退。结构性变化是指经济发生了根本性变化，例如20世纪初汽车的发明。

最近的例子发生在英国。英国邮政快递的数量一直都是一项经济指标，当经济增长迅速的时候，很多广告、杂志订单、合同、支票等需要邮寄，英国皇家邮政的邮递量也随之增加。但从1999年和2000年左右开始，虽然英国经济处于扩张期，但邮政快递数量明显减少。在大萧条时期，信件数量减少了几倍，比经济活动减少的比率大得多。这次英国皇家邮政的邮递数量减少似乎没能预测英国经济即将出现的衰退，邮政服务数量的急剧下滑与科技的发展更有关（电子邮件、网络、电子签名等的出现），而不是和经济挂钩。

同样，我们在本书中也提到过，投资者曾经认为任何对通用汽车公司有好处的时期对美国经济就有好处，反之亦然。如果通用汽车公司的盈利状况糟糕，投资者通常认为这是经济下滑的预示。也许在20世纪50年代，这样的说法是对的，但随着历史的发展，通用公司的发展前景和美国经济的联系逐步减弱。今天，如果美国政府能够放任曾经的巨头破产倒闭，让其他新型企业利用它们遗留下来的技术（不管是工程师、机器人还是厂房）从而生长发展，那么通用汽车的销量减少可能预示着美国经济强势增长。本书成书之时，通用汽车公司属于部分国有，接受了政府巨额紧急救助，作者个人认为这种情况不应该再次发生了。

一些经济预测师运用每年新取得的专利的数量作为经济活动的衡量指标，但运用起来很困难，因为这项指标有时候是同步指标（在美国20世纪大萧条时期和70年代数量下降），有时候是长远的领先指标，能够衡量未来工业生产的增长。也就是说，今天申请的专利，可以供我们将来投入生产。人们花费了大量时间和金钱作出发明并申请专利保护，就一定期待它能够创造价值，这毫无疑问。

但在很多国家，包括美国，申请和维护专利是很便宜的事情，因此虽然我们说所有的专利都有预期价值（会带来的利润高于申请花费），但并不是所有的专利价值都一样，例如第一个电脑芯片和第一台饮水机的发明相比，在利润和溢出效应方面对经济的影响，前者都毫无疑问大很多，但到底大多少很难衡量。经过时间的验证，专利的质量的差别就会显露，但很难提前预测出专利的价值。

更麻烦的是，新批准专利的数量会随着专利局制订的标准和工作效率而变化，因此不是准确的衡量指标。例如在20世纪70年代出现的专利活动急剧减少的情况，是因为专利批准的比例减少，并且由于政府裁员，等待批准的专利项目都遭到积压，大多数专利活动减少的情况都是这些原因导致的。

另一个在经济预测中经常犯的错误就是，认为经济衰退期或者扩张期比历史平均水平高，从而就认为马上会出现转折点。实际上一个经济衰退期完全有可能持续半个世纪，不信可以问问朝鲜和古巴人；同样经济扩张期的持续时间也完全可能超过历史平均水平，受到起始时间和结束时间的影响。根据美国经济分析局分析，从1854年以来，经济扩张的平均持续时间为38个月，但也有7次经济扩张期超过50个月，时间比平均水平长一年多。

投资者还需要谨慎，避免过分迷信复杂数据，例如墨西哥在美国非法移民数量（尽管这些数据有可能测量），正如美国有线频道"喜剧中心"的动画片《南方公园》2004年那一季中 *Goobacks* 一集谈到的，在美国的墨西哥移民水平不仅是美国经济健康状况的晴雨表，也与墨西哥经济状况有关。虽然2009年预估的移民总数超过2000年的高峰1,500万人，实际上2005年和2006年期间出现了下滑，就在次贷危机之前。但这并不代表潜在墨西哥移民数量就能预测金融危机，而是说明墨西哥经济在当时相对于美国经济，发展状况好一些。

金融市场是具有前瞻性的，所以投资者也需要如此，早起的鸟儿不一定有虫吃，因为很可能耽误了几个小时睡觉的时间，还没有找到有虫子的地方。虫子就像超过市场平均水平的收益回报，很难捉摸，不会连续几天在同一个地方出现两次。因此，是聪明的鸟儿、有预见性的鸟儿有虫吃，并且付出的代价最低。同样对于投资者，想要赚钱就必须有预见性。

## 神奇子弹

除了已经讲到的50个经济指标，本书更希望让读者明白以下几点：

·成功的投资意味着在经济循环的每个阶段都能够保持市场平均水平以上的收益水准。

·投资者必须准确预测出经济循环，才能够知道哪一种特定类型的投资（债券、股票、商品、房地产）可以最大获益。

·投资不是一次性的事件，而是一个学习的过程，要花一辈子的时间去慢慢琢磨理解经济的复杂性。

·投资和预测是艺术而不是科学，正确的逻辑推理和宏观的预测远比基于不可信前提下的量化数值数据更重要。

·准确的预测能力来自于能够把正确的历史数据趋势和能够准确识别背后动因的经济模型结合起来，而不是简单找到数据关联。

·经济指标可能领先于、同步于或者滞后于经济状况，经济状况由国内生产总值衡量，是消费、投资、政府花销和净出口的总和（C+I+G+NX）。

·投资者跟踪越多的经济指标，对经济的把握感觉就越好，能更有自信地判断经济循环的变动即将到来。

·本书介绍的50个经济指标是最出色的指标，因为它们是最具时效性、准确性，与实际经济状况最相关，并且鲜为人知的。

·虽然为了理解复杂经济，滞后指标和同步指标也很重要，但领先指标对于投资者更重要。

·但同步指标的某些部分非常具有时效性，偶尔能够帮助我们看清未来走势，与领先指标作用相同。

读一本书、认识经济指标、了解如何运用指标是一回事，实际操作又是另一回事。因此，如何运用你所学到的东西呢？

你需要一个计划来掌握手头的材料。首先，每天腾出时间学习几项指标，最好的办法就是用日历记录每个指标的发布日期，按照指标发布时间来学习，每个指标的发布时间在每个章节最后的"总结参谋"中都会提到，"华尔街日报在线"网站上也提供电子日历：http://online.wsj.com/mdc/public/page/2_3063 - economicCalendar.html?mod=topnav_2_3000.同样 Briefing.com 网站也有经济数据发布的日历，网址 www.briefing.com/Investor/Public/Calendars/

EconomicCalendar.htm.

大多数数据都是纽约时间早上发布，因此我们建议在每个指数发布的前一天晚上再重读一遍相关章节。研读本书的同时，再阅读一些金融媒体的报道，网上有很多文章是关于投资者对即将发布的数据进行的预测，还解释了在不同经济境况下数据的意义。

然后在第二天早早起床查看数据情况，这时同样要看一下媒体如何看待新发布的数据，每个月大多数日子都有新的经济指标发布（平均每个月有22个工作日），因此你可以据此列一个日历时间表。

我们列举的一部分指标是私人机构发布的（例如信贷可获性振荡指数），一部分没有固定的发布日期（芝加哥交易所动荡指数、美女指数、得克萨斯比率等），看起来有些棘手，但如果你一直跟踪商业媒体报道，就有方法从中找到你所需要的信息，来判断这些指标。每当你看到与这些非官方或者定性研究的指数相关的信息，重读有关章节。

如果你按照这样的研究计划，在数据发布前天晚上研读相关章节，在第二天分析实际数据，并坚持两个月，那么就可以开始写自己的投资日记了。

之后你可以尝试虚拟交易，也就是说，你根据自己对经济的判断进行模拟的投资买卖，而不是进行实际金钱投资，这样你就可以以一种安全无代价的方式，验证实践所学到的知识。为了计算方便，你可以按照你买卖的投资项目的收盘价格，来计算自己的虚拟账户。

这样的纸上演练进行至少六个月以上，如果你感觉良好，就可以开始实际投资了。起初你应该谨慎行事，因为很有可能出现失误，但如果运用你从这本书和自己的研究中学到的东西，你的投资失误应该会越来越少，并且损失也会减小，之后你就可以达到很多投资者期待的境界：毫无压力地赚大钱。